東大野球部式

文と武を両立させる育て方

東京大学野球部元監督
浜田一志

かんき出版

はじめに

先日、東京大学野球部が夏合宿を行ったご縁もあって、北海道遠軽町・教育委員会からのお声がけで、「文武両道のススメ」をテーマとした講演を行ってきました。

ご依頼により、中学生の子どもを持つ親御さん向けの内容を用意していったのですが、蓋を開けてみると、

「5歳児の子どもを持つ母親です。小さい頃にどんな習い事をさせるとよいですか？」

という質問をいただきました。また、各地の講演でも、

「これから子どもが中学生になります。どんな部活が受験勉強にも活きるんですか？」

「塾はいつから通わせるといいんでしょう？」

「小学生のわが子を、東大野球部に入れるにはどうすればいいですか？」

など、幼い時期からの教育、習い事、スポーツなどとの両立に対する質問が集まり、多くの親御さんが、早期からの教育に興味・関心を抱いていらっしゃることがわかりました。

インターネットなどから、さまざまな情報が入ってくる時代ですから、焦ることがあったり、影響を受けることも多々あるかと思います。

そんな経験や状況も踏まえて、本書では、5歳くらいから中学生の年代までのお子さんを持つ親御さんを主な対象とし、どうすれば**「文武両道の子どもに育てられるか、文と武を両立させるには？」**をテーマにすることにしました。

本書を手にしたことから、読者の皆さんも、わが子を、

「文武両道の子どもに育てたい」
「どんな習い事が将来につながるのか？」
「どうすれば東大に入れさせられるか。その方法は？」

など、考えるところがあることと思います。その疑問や悩みの解決策の一助になれば幸いです。

「てっぺん」「一番」の言葉が、子どもたちの心を動かす

男の子という生き物は総じて、「てっぺん」「一番」「最高」という言葉が大好きです。これは、**女の子も同様**です。

とくに、思春期に差し掛かる前（男子なら精通・女子なら初経の前）なら、体力差もほとんどないですし、この時点までは子育てをする上で、男女差を気にすることはないでしょう。

思春期を境に、男女によってどうしても社会的な側面からも影響を受けて違いが出てきます。その時期から、子育てに悩まれる方もいらっしゃるかもしれません。

ですが、本書でお伝えしたい「文武両道」の目的は、**真に子どもたちの可能性を見つけ、伸ばすこと**です。ジェンダーギャップ（男女の違いにより生じる格差）以前に、体力や知力といった、一人前の大人になるための土台というのは男女ともに共通するものです。本書の内容を、**お子さん〝個人〟のケース**に当てはめながら、取捨選択し、子育てをしてみてください。

男女の共通項として言えるのは、「すごいね、最高だ、一番だ！」という周りからの言葉が強く響くということです。いくつになっても、親としてこれらの言葉を使って、わが子を鼓舞し、応援してあげてください。親の基本姿勢は、**応援です**（叱咤することも大切ですが、そのときの心得は、後ほど触れます）。

ふだん感情をあまり表に出さない子どもたちも、何かの分野で一番になりたいという気持ちを抱いていますし、こうした親や大人たちからの褒め言葉や応援こそ、勉強やスポーツ、生活する上での原動力となります。

女の子も野球部では大活躍する

さて、東大野球部の選手たちは、甲子園常連校の選手に比べて野球に関しては実力が劣るので、その点では「てっぺん」でも「一番」ではないかもしれません。

しかし、こと**「野球×勉強」の両立**にかけては、東京大学が国内でもっとも学力水準が高い大学であるだけに、**「文武両道のてっぺんに立つ者たち」**です。

決して、野球エリートでないにも関わらず、努力と知恵でプロ野球選手になった者もいれば、大学野球の経験を活かし、その後各界で活躍している者もいます。

なにも男子選手ばかりではありません。東大野球部では、マネジャーやアナリストとして活躍する女性部員たちがたくさんいます。彼女たちも「文武両道」の体現者です。

「野球が好きだから」

「元高校野球マネジャーだったので、大学でも野球に関わっていきたい」

「これまでは勉強一辺倒だったので、大学入学を機に野球（スポーツ）に関わってみたい」

と、いろんな理由で入部してきます。

マネジャーたち（もちろん男子部員もいます）は、日々の練習や試合などのスケジュール管理だけでなく、大学本部との予算折衝など、その仕事は多岐にわたります。まるで社会人顔負けの業務を担います。

私が東大野球部監督時代は、**「仕事で一番大切なことは〝愛情〟だ」**と、チームメイトへのケアだけでなく、お茶ひとつ出すだけでも外部の方への気遣いを教育しただけに、卒業する頃には、どこの会社に入っても即戦力になれる人材に成長してくれました（当時のOBOGにとっては、じつに厳しい監督だったでしょう）。

実際、彼女・彼たちの就職活動は、どこに入れるかというより、どこに入るかという、〝逆指名〟をして就職先を選ぶような状況でした。

ちなみに、東京六大学を含め、大学での野球は、年齢・性別・国籍が不問です。女性選手もグラウンドに立つことができます。

甲子園に出たかったけれど出られなかった――、男子球児と対戦したい――、という夢や目標を持つ女の子にとって、神宮球場は晴れの舞台となる可能性があります。

その点、他私大では甲子園経験者の推薦選手がひしめく中、東大野球部は公式野球未経験者も入部してくるレベルの選手もいるくらいですから、男女やレベルの差は関係なく、切磋琢磨できる場があります。

文武両道の伝道師として

かく言う私も高知・土佐高校の元高校球児で、偏差値38（模試E判定）から東大理Ⅱに現役合格した当事者の一人です。

大学卒業後は、鉄鋼メーカーで会社員の経験をし、2008年からは東大野球部のスカウト業務（野球の上手な高校生を東大へ入学させるため全国の高校を巡る活動）を始め、2013年から2019年まで東大野球部の監督を務めました。その間で約200人の東大生を指導し、スカウトを通して全国の優秀生を約1000人見てきました。

そして、2023年から、母校・土佐中・高校の校長を務めます。

土佐中・高校は、1920年に設立された私立校であり、設立当初より**「右文尚武《ゆうぶんしょうぶ》（文武両道）」**を掲げる学校です。いち早く共学化した歴史もあります。最近では、高校野球ファンなら〝全力疾走〟でもお馴染みでしょう。文武両道の校風はいまなお、受け継がれています。

それに加え、1994年に**「部活をやっている子専門の学習塾」**としてA・i西武学院を立ち上げ、いまに至ります（現在は顧問）。

A・iというのは、昨今言われる、人工知能（Artificial Intelligence）ではなく、文武両道を意味する「Athletic and Intelligence」の頭文字です。東大などを目指すガチガチの進学塾でなく、スポーツ一辺倒の子どもたちに、

「甲子園に行きたいなら、少しくらい勉強しないと志望校に入れないよ」

「サッカーで世界を目指すなら、英語はできないとね」

「ハンドボールでメシを食べたいなら、こんな進路があるよ」

というようなアプローチで、勉強の目的や興味を教え、伝えることに主軸を置いています。


そうした点では、**「文から武、武から文」**の両面から、「文武両道」を経験・研究してきたとも言えます。

これらの経験から、文武両道の意味や、部活と勉強の両立の方法、それらを目指して実現してきた子どもたちや親御さんの姿や価値観、家庭環境などを数多く見てきました。

そこで得た文武両道のエッセンス（真髄）や、真似すると良いことなどを、**「東大**

野球部式」としてお伝えしてまいります。

なお、本書は、次のような構成になっています。

序章　文武両道をすすめる究極の理由
第1章　才能と環境　子どもの成長を邪魔する「レッテル」
第2章　子どものやる気を生み出す3つの存在
第3章　塾と習い事、どうする?
第4章　親ができること、親しかできないこと
第5章　どのようにして東大合格生となったのか

各章の中に、これまでの教え子たちとのユニークなエピソードや、講演会で受ける質疑応答の典型例なども挿入してご紹介していきますので、そちらも合わせてご覧ください。皆さんの疑問や不安に、ピンポイントにお答えできている事例もあるかと思います。

この本から、読者の皆さんが、わが子の才能やポテンシャルはどこにあるのか、それを親としてどう育てていけるのかについて、何らかの気づきを得ていただければ、著者冥利に尽きます。

2023年2月

浜田一志

はじめに

■「てっぺん」「一番」の言葉が、子どもたちの心を動かす　5
■女の子も野球部では大活躍する　7
■文武両道の伝道師として　9

序章

文武両道をすすめる究極の理由

「文武両道」は目的ではなく、あくまで手段です　22
親になったけど、アイデンティティ（得意技）がない!?　28
■どうせなら「文と武のてっぺん」を目指そう　30

東大野球部員たちの3つの共通点　34
■東大生の就職先のリアル　38

第1章

才能と環境　子どもの成長を邪魔する「レッテル」

環境づくりは遺伝を超える。「どうせ……」は禁句　42
才能とポテンシャル。子どものポテンシャルを溜めさせるには？　46
■遺伝と環境。学力の遺伝の影響は55%。どう解釈する？　48
■学力は、才能と努力の掛け算　50

教えて浜田先生！

Q:「なんで勉強するの？　なんで子どもだけ勉強するの？」と質問されたらどう答えたらいいですか？　53

第 2 章

子どものやる気を生み出す3つの存在

本物を見せる、体験させる 56

・生の体験こそ、やる気に火をつける 59

・子どもをやる気にさせる親のひと言 62

子どもの憧れの人からも言ってもらう 64

モチベーション維持のための3つの存在 66

部活動を通して得られるもの 72

途中で挫折しない人が知っていること 77

・〝個人〟の成長を褒めて、不安を解消させる 79

教えて浜田先生！

Q：私たちの周りに、東大卒の人間がすぐに見つかりません。どうしたらいいお手本を見つけられますか？ 82

教えて浜田先生！

Q：部活動をすると、本番に強くなれますか？ 83

第3章

塾と習い事、どうする？

幼少期の習い事は、背骨と指先の発達の目線で選ぶ 88
■習い事としての野球の特徴 91
■なぜ、背骨と指先が大切なのか？ 92
焦らずまずは体力づくりを優先 96

塾通いの検討は、小学5年生からで十分です 100
■偏差値40からの大逆転。東大野球部、佐藤君の話 104
教えて浜田先生！
Q：子どもにはいつからゲームをさせて構いませんか？ 107

第4章 親ができること、親しかできないこと

家の中のどこで勉強をさせるといいのか問題 110
「勝ちたきゃ食え」の東大野球部式食育 114
タイムマネジメントと、夜中のノート観察 117

■反抗期とか、生意気なときとか…… 119
放任か管理か。親の関わり方の4タイプ 122
褒めると叱るのバランス 128
子どもたちは大人の本気を望んでいる 131
教えて浜田先生！
Q：勉強ができる人って、スポーツが苦手な印象があるのですが 134

第5章

どのようにして東大合格生となったのか

東大合格の条件を現役野球部員から聞いてみた 138
合格するには、最低でも7000時間の勉強 143

「部活を辞めて、勉強に専念したい」と言われたら 148
200校以上を見てきたから言える学校選びのポイント 153
文武両道の人こそパイオニアになれる 156
第二志望と劣等感 160
文系か理系か（将来への道） 163
東大野球部と、文武両道のてっぺんを目指す利点 166

おわりに 169

編集協力 田中庸一
ブックデザイン 吉崎広明（ベルソグラフィック）
イラスト にしだきょうこ（ベルソグラフィック）

序章

文武両道をすすめる究極の理由

「文武両道」は目的ではなく、あくまで手段です

親御さんの教育方針で、

「文武両道ではなく、何か一芸に秀でたスペシャリストになってほしい」

「子どもの個性を活かして成長してもらいたい」

とお考えの方もいらっしゃるでしょう。

もちろんそのような考えに、私も反対はしません。


ただし、その一芸に出会うことも**文武両道の経験**によって、より早く、より適切に**見つけられる**だろうとも思います。

また、お子さんより先に社会に出ている親御さんならば、知力と体力のバランスや、

社会人としての礼儀や振る舞い、他者とのコミュニケーションが、人生においていかに大切となるかも実感しているはずです。それは偏りのない教育がもたらすものでしょう。

はじめにも触れましたが、2013年から2019年まで東京大学野球部の監督を務めたことや、1994年から「部活をやっている子専門の学習塾」を運営していた経験から、私は全国各地の高校や教育委員会にて「文武両道のススメ」をテーマとした講演活動を行ってきました。北は北海道、南は沖縄まで、これまでに延べ200の学校や教育機関からご依頼を受けています。それだけ、**「文武両道」に関する世の中からの関心が高い**とも言えます。

では、そもそものテーマである「文武両道」についてから、話を始めましょう。

辞書には「学芸と武道の意。また、その両方にすぐれていること」とあります。

これを私なりに定義し、言い換えると**「多様性の中で努力を続けること」**と、講演などで皆さんにお伝えしています。

また、**文武両道は目的ではなく、手段**である、ともお伝えしています。


「文武両道が手段なら、目的って何？」

「え、多様性ってどういうこと？」


そう思われたかもしれません。

これについて、私の考えをわかりやすくご説明しましょう。

子どもの教育で、最も大切なことは、お子さんならではの**「Identity（アイデンティティ）：同一性」**を得ることです。

アイデンティティというと少々ややこしいので、**「得意技を見つけよう」**と言い換えて伝えています。

幼いときは足が速いでもいいですし、電車に詳しいなど、まず得意なことをひとつ見つけることで可能性が広がっていき、それがひいては勉強の「得意科目」にもつな

文武両道で体験したことは、将来につながる

がっていきます。

子どもたちが勉強や部活をしている理由は何かというと、東大に入りたい、プロ野球選手になりたい、お医者さんになりたいというような夢や目標を目指してのことですが、つまるところは、**「Identity（アイデンティティ）：同一性」**を得るためです。「Identity（アイデンティティ）：同一性」を、もう一段噛み砕いて伝えるならば、**「自分という存在を理解し、人生をどう生きたいかをつかんでいる感覚」**を見つけて、得るためとも言えます。

正直、プロスポーツは狭き門です。プロ選手を目指して部活に励んでも、その希望は叶わないかもしれません。しかし、運動を続ける過程でもしかすると、筋肉や身体のつくりに興味が湧くかもしれません。すると、その道を追求していくと、スポーツドクターという別の目標が見えてきます。

このように**文武両道だから、子どもたちの将来につながる「目的」を手に入れることができるのです。**繰り返しになりますが、文武両道は目的ではなく、あくまで手段です。

親子一緒にあれこれ試してみながら、わが子の可能性や夢中になれるもの、一番向いているもの、いつか親離れして自分の人生を生き、メシを食っていけるための武器を見つける最良の道として、**「文武両道」を〝活用〟してみてください。**

ちなみに、ソフトバンクグループ会長である孫正義氏は、「自分が登る山が決まれば、人生の半分が決まる」と言っています。

子どもたちにいろいろな山を見せ（体験や経験をさせて）、子どもたち自身が「これ！」と決められる手助けをするのが、親の役目となります。

point

文武両道は、子どもの「得意技」を見つけるための最高の手段

親になったけど、アイデンティティ（得意技）がない!?

先ほど、「アイデンティティを獲得できると良い」と簡単に言いましたが、大人になり親になってみても、あらためて考えてみると、親であるあなた自身、

「何に向いているんだろうか」
「何のために生きているのか」

と、はっきり答えられない方もいるかもしれません。そんな状態では、わが子に伝えられることはあるのか……、という心配な気持ちにもなるでしょう。

そうした方にお伝えしたいのは、アイデンティティは「ある・なし」ではなくて、**ただ自覚していないだけ**、ということです。

自分に自信がない、誇れるものがないという方は、何気なくできていることや、当たり前にできていることを自覚できていないだけです。

適性や得意技というのは、自分自身では気づきづらいものなので、他者によって気づかされることが多々あります。

もし心配に感じた親御さんならば、これまでに親や友人、同僚などから褒められたことや、何気なく「すごいね」「いいね」と言われたことを思い返してみてください。それが**アイデンティティ（得意技）の再発見**につながるはずです。

親であるあなたも元々は子どもだったわけなので、ご自身の良いところを親や配偶者、友人に聞いてみるのもいい機会です（いまさら気恥ずかしいかもしれませんが）。**わが子に自身の良さや得意技を気づかせてあげられるのは、親である、あなたです。**

私はこれまで数多くの子どもたちを見てきましたが、**東大野球部の子の中に、「自**

分に自信がない」「誇れるものがない」という感覚を持つ子は一人もいませんでした。

「エリートなんだし、東大生なんだからそれはそうでしょ」と、当然のことのように聞こえるかもしれませんが、誰しも生まれながらにして、アイデンティティを獲得はできません。

彼ら自身がいろいろな経験や努力をしてきた（させてもらってきた）環境、親や周囲から褒められ、ときに厳しくされながら、自信をつけてきた環境がそうさせたのだと思います。

ぜひ、お子さんをよく観察し、応援して、いいところを見出してあげてください。

どうせなら「文と武のてっぺん」を目指そう

いつの時代も男の子たちの将来なりたい職業の上位にあがるのが、スポーツ選手です。

二刀流で脚光を浴びるロサンゼルス・エンゼルスの大谷翔平選手や、サッカー日本代表などがニュースに取り上げられることが多いので、憧れの対象になりやすいからでしょう。

男の子というのは単純なので、それらを見て、「オレもメジャーリーガーになりたい！」なんていう壮大な夢を描きます。

女の子も同じです。インターネットやテレビなどで見るアイドルや女優に憧れたりして、彼女たちも大きな夢を抱きます。

親からすれば無謀にも見えますが、どんな分野であれ、「てっぺん」や「憧れ」を目指すことはとてもいいことです（お父さんやお母さんだって小さい頃はそんな少年・少女だったはずです）。

世界一高い山であるエベレスト（８８４９ｍ）を目指すからこそ、それに合わせた高度なトレーニングや準備を行い、レベルの高い経験を積んでいけます。そうした高い山を目指した者であれば、日本一高い山・富士山（３７７６ｍ）は容易に到達できるでしょう。

勉強の分野でも同様です。

スポーツや芸能の分野であると、こうしたトッププロをテレビなどで見ることができるので、子どもたちも夢を描きやすいのですが、こと勉強に関してはスーパースターのような存在をなかなか見ることができないので、どうしても目標が小さくなりがちです。もしこれが、アインシュタインが現代に蘇って、人気コメンテーターやユーチューバーだったら「理系の学者になりたい！」という夢も描きやすくなるのですが……。

その点、**東京大学野球部は「文と武のてっぺん」**ですから、もし親子一緒に文武両道を志すなら、東大野球部を目標に設定してみてもらいたいと思います。**身近に東大野球部ＯＢや東大卒というお手本がいれば真似もしやすいところ。**そうもいかない方は、ぜひ本書からそのエッセンスを盗んでみてください。

まずは、「うちの子どもに東大や東大野球部なんて無理でしょう!?」と、親がブレーキを踏む前に、一緒にその目標を目指してみることです。

スポーツも勉強も同じく、**「目標はシンプルでおおげさ」**くらいでいいんです。どうせなら「てっぺん」を目指すべきです。そのほうが、子どもたちのモチベーションも高くなります。

プロ野球選手を目標・夢としながらも、皆が皆なれる世界ではないのと同様、目指した全員が東大に合格できるわけではありません。けれども、**その大きな目標を目指す過程の中にある成功や挫折の体験から得るものがたくさんあります。**高い山を目指すだけ、高レベルな経験と発見があるはずです。

point

目標はシンプルで大げさに。
親子で「てっぺん」を目指そう

東大野球部員たちの3つの共通点

「文武両道のてっぺん」のシンボルとしての東大野球部員たちですが、決して全員が生まれつきのスーパーエリートではありません。いわゆる進学校の御三家と呼ばれるような私立名門高校出身の子もいますが、私同様に地方公立高校出身の子もいれば、偏差値40台から一念発起の逆転合格を果たした子など、入学・入部の背景はさまざまです。

しかし、そんな個性あふれる東大野球部員に共通する特徴を挙げるなら、以下の3つでしょう。

① 努力を続ける才能・ポテンシャルを持っている

②時間の使い方がうまい
③負けることが嫌い

共通点①　努力を続ける才能・ポテンシャルを持っている

東大野球部員たちは、総じて努力をコツコツと継続することの効果や、「基礎」を重視して反復できる忍耐力があります。

元来持っている才能だけではなく、努力を続ける効果を勉強や部活をする経験から実感し、そのために必要な行動を「**習慣化**」しています。

共通点②　時間の使い方がうまい

彼らは、時間の使い方が、じつに上手です。

これも「**勉強×部活**」の文武両道の生活の限られた時間を有効活用するために身に着けたテクニックや習慣であろうと思います。

私が監督時代の教え子でプロ野球選手にもなった宮台康平君（2022年現役引

退）は練習後のマッサージ中にも本を読んだり、いまＴＢＳでアナウンサーとして活躍している喜入友浩君は、空き時間の10分で何をするか、事前準備を細かく決めていて目標の立て方も上手でした。

講演などで「部活をしながら、東大や他大学の受験・合格が本当にできますか？」とよく聞かれますが、〝時間がある〟よりも〝時間をいかにうまく使えるか〟のほうがよほど大事です。

１４５ページで、部活を行いながら東大に合格した子どもたちの1日の時間配分（７５３《しちごさん》の法則）についてご紹介するので、ぜひ参考にしてみてください。

共通点③ 負けることが嫌い

東大野球部員に限らず、何かを成し遂げられる人に共通するのは、負けず嫌いの性質があるからでしょう。これは性別を問いません。

幼い頃からゲームなどで負けて悔し泣きしている子のほうこそ見どころがあります。

また、同じ負けず嫌いでも、東大野球部員の共通点として言えるのは、他者に負ける以上に、**自分に負けない意識が強い**ことです。自分で一度決めた目標に対して、コツコツと努力して成し遂げていく姿勢があるのが、彼らの特徴です。

一方で、**負ける経験も、人としての成長に欠かせません。**

東京六大学野球においては、東大は野球エリート集団ではありませんから、他大学に対してなかなか勝てません。

実際、私が監督をしていたときは、94連敗中のときでした。まさか100連敗するかどうかというプレッシャーの中、2015年5月23日に法政大学に延長10回6－4で勝つまで、負け試合の連続でした。私も危機感がありましたが、選手たちも同じ気持ちだったでしょう。よくぞ選手たちも腐らず、あきらめず練習に向かい合ってくれたものです。

東大野球部というと、世間的にはなんら挫折もないエリートと思われがちですが、こうして負ける経験をすると、人間の幅が広がります。このような人間ならば、どんな会社や組織からも望まれるでしょう。

実際、東京大学野球部のOB・OGの面々は、著名な企業へ就職したり、日本の将来を支える仕事、研究へと進路を歩んでくれています。

東大生の就職先のリアル

「文と武のてっぺん」である東大野球部を目指す上で、多くの親御さんが気になる経済的なメリットについても触れておきます。

東大野球部の面々は、大学院への進学のほか、メガバンクやコンサルティング会社など、著名な企業へと就職・進学をしています。先に触れた、東大野球部マネジャーの例のように、語弊を恐れず言えば、**東大野球部に入れば、行きたいところへ就職できます**。それだけの実力と経験を得ることができるからとも言えます。彼らの進路について関心のある方は、東京大学野球部ホームページをぜひご覧ください（https://tokyo-bbc.net/index.html)。

私が、東大野球部のスカウトをしていたとき（いまも同じ状況でしょうが）、他大学と優秀な人材の獲得合戦でした。

その際、親御さんらには「**たとえ1年浪人したところで、予備校代の費用（約100万円）は、将来への投資ですよ**」ともお伝えしていたくらいです。

また、東大や東大野球部に進学することは親孝行に他ならないですが、当人からしても同じ視座の仲間たちと出会い、高め合える環境に身を置くことができます。だからこそ、「文と武のてっぺん」を目指してもらいたいのです。

point

東大野球部員たちの強みは、「努力を続けられる」「時間の使い方がうまい」「負けることが嫌い」

第1章

才能と環境 子どもの成長を邪魔する「レッテル」

環境づくりは遺伝を超える。「どうせ……」は禁句

講演などで文武両道、東大野球部のことを伝えた後の質疑応答で良くあったのが、
「東大っていっても、どうせ結局、生まれつき頭のいい人の話ですよね……」
「私には学歴がないですし、どうせうちの子も……」
「どうせ、田舎の子だから……」
「どうせ、うちの経済力では有名学習塾には通えないですし……」

という、「どうせ、どうせ……」という、後ろ向きの発言です。（ならどうして、『この講演に来たの？』と、厳しい返答をすることもあったくらいです）。

「学生生活実態調査（2018年）」

世帯年収（2018年調査）	割合
450万円未満	13.2%
450万円~750万円未満	12.5%
750万円~950万円未満	13.5%
950万円~1050万円未満	21.3%
1050万円 ~1250万円未満	11.2%
1250万円~1550万円未満	12.2%
1550万円以上	16.1%

東京大学が実施

たしかに、親や親戚が東大出身だったりする家系や、有名学習塾にお金を厭わず投資できる経済環境が学歴に影響することは、データからも明らかです。

東大生の約60％が世帯年収950万円以上という結果も出ています。

ただし、見方を変えると、450万円未満の家庭からも10％以上の東大生が輩出されていることもわかります。データをネガティブにとらえるか、ポジティブにとらえるかどうかです。まして親の年収が高い子どもたちが、〝確実に〟東大に合格できる保証もありません。

一人親家庭で、なおかつ経済的にも苦労したというような、世間的には苦学生であった子どもたちも、東大野球部にたくさん入部しています。ですから、経済面はあくまで〝ただ優位〟であるというだけの話です。

経済的な環境以上に見逃せないことが、**人的環境**です。

親や先生たちに応援されて大事に育ててこられたか、お手本となる先輩たちに囲まれて切磋琢磨してきたかという、ここのデータにはない「環境」も、子どもたちの将来を決める重要なファクター（要因）となります。

親として環境をいかに整備するか、それが子どもたちの将来に大きな影響を与えます。

子どもたちがチャレンジしたいのに、親自身の学歴や、世帯での年収を言い訳に、わが子のやる気や才能の芽をつぶすなんてもってのほかです。親こそ先入観を捨てないとなりません。

まずは、**親が「どうせ……」というレッテルをはがすこと**です。ひいては、それが子どもたちの得意技やアイデンティティを獲得する第一歩につながります。

推薦枠のある私立大学とは異なり、東大に関しては皆が横並びで一斉に試験を受け、突破した者たちが入学します。いわば、**チャンスが平等に用意されているわけです**。

親として、子どもの可能性をつぶさず、伸ばす。そして、わが子にどんな「人的環境」を用意すればよいのかについて目を向けてください。

point

努力を続けることは子どもの役目。
親の役目は、成長をさまたげるレッテルをはがすこと

才能とポテンシャル。子どものポテンシャルを溜めさせるには？

先にも登場した、親御さんの声に、

「東大っていっても、どうせ結局、生まれつき頭のいい人の話ですよね……」
「私には学歴がないですし、どうせうちの子も……」

というものがありました。生まれつきの才能や遺伝についての不安があるのでしょう。ここでは、そのレッテルをはがしてまいりましょう。

まず、世間一般に思われている才能（遺伝・生まれつきのもの）と、良く似た意味

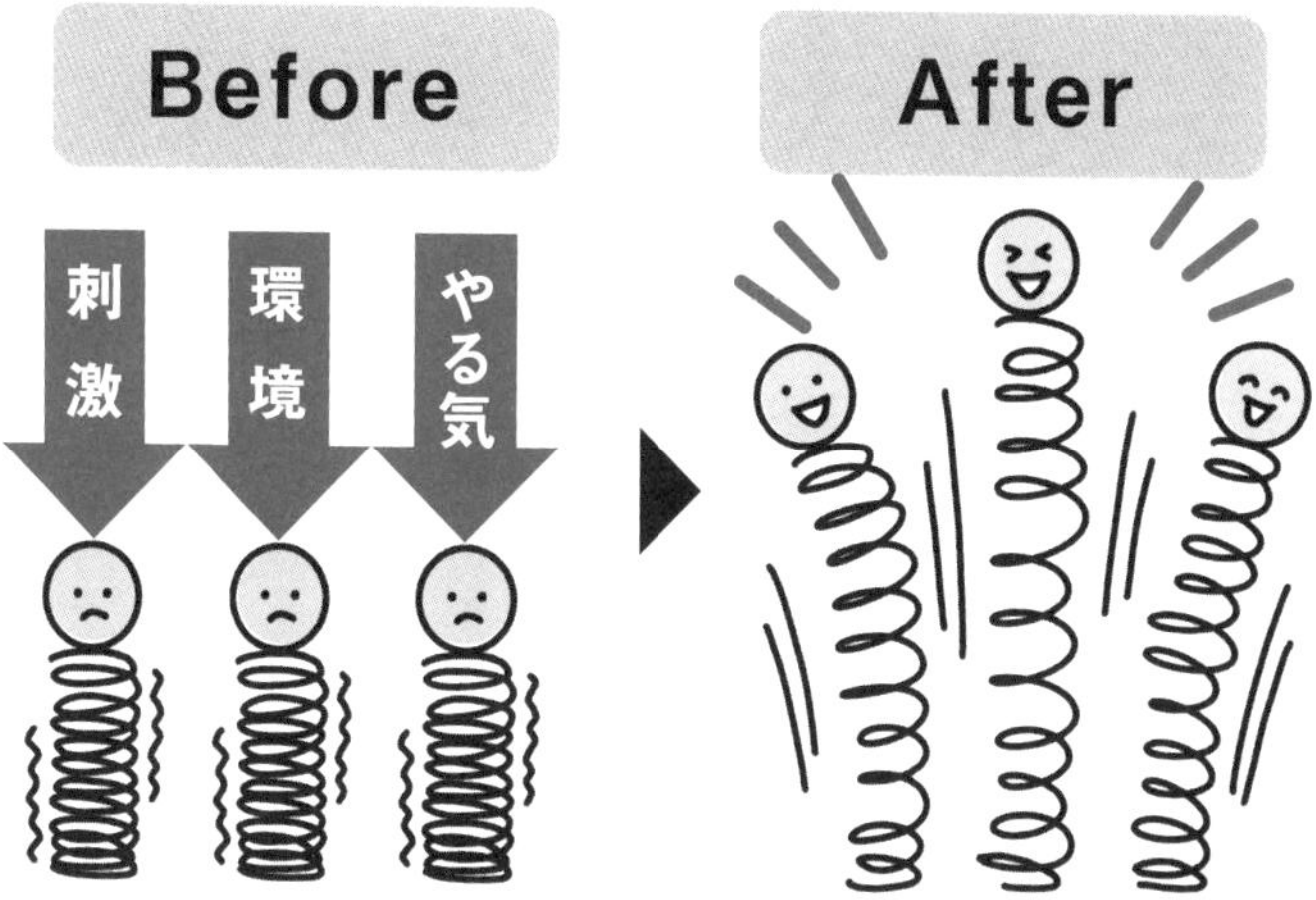

ポテンシャルとは、溜まったエネルギー

で使われるポテンシャル（潜在力・可能性）について整理します。

じつは、才能・ポテンシャルともに先天的・後天的の両面があります。しかし、やや専門的となるので、本書では、**「才能＝先天的なもの」「ポテンシャル＝後天的なもの」**と定義します。

ここでお伝えしたいのは、「ポテンシャル＝後天的なもの」についてです。

物理学では、ポテンシャルとは外部に対して働きかけるために蓄えられたエネルギーのことと言われています。それだけに、**「ポテンシャルが溜まる」**という考え方があります。

たとえば、バネを例にすると、バネはそのままだと何のパワーも発揮しないですし、仕事をしません。バネは、縮めて力を溜めて離した瞬間、初めてパワーを発揮します。このバネを縮めている段階を、ポテンシャルが溜まると言います。

人間の生まれ持った先天的な才能をバネの強さや長さとすれば、それに力を加えてどのくらい縮めていくのか、そのとき溜まるエネルギーがポテンシャルです。いくらいいバネを持っていても、力を加えない（溜めない）限り、役に立ちません。

才能は先天的なものですが、ポテンシャルは後天的なものだけに、教育などの環境を整備することで溜めることができます。

遺伝と環境。学力の遺伝の影響は55%。どう解釈する？

次に、才能にまつわる「遺伝か環境か」という話に移りましょう。

遺伝学についての研究や学問は古今東西で行われています。

皆さんも専門的な論文を読まなくても、「プロスポーツ選手の親もまたスポーツ選手」というような話を見聞きしているでしょうし、なんとなく遺伝の強さを想像できるかと思います。それだけに「どうせ……」とあきらめのような気持ちになるかもしれません。

実際、音楽、数学、スポーツの分野では、とくに遺伝の影響が顕著なデータがあります。

では、気になる、学力（テストの点数）についてはどうでしょうか？

行動遺伝学者・安藤寿康氏の研究結果によれば、**学力の遺伝の割合は55％**、**共有環境が17％**、**非共有環境が29％**という数字があり、それが参考になるかもしれません。

このデータは一卵性や二卵性などの双生児を対象としていて、「共有環境」とは双子が同じ両親の下で同じ環境で育てられた環境のことを言います。いわば、食事などの家庭環境のことです。もうひとつの「非共有環境」とは、習い事が違う、学校のクラスが違う、部活が違うなどの一人ひとり別々の環境のことを示します。

遺伝の影響が大きいようにも思えますが、100%ではありません、環境もまた大きく子どもたちの将来に影響を与えることがわかるはずです。

「どうせ……」というレッテルは、親こそはがしてもらい、いまからできることを考えてもらいたいところです。

学力は、才能と努力の掛け算

先ほどの**学力の遺伝の割合は55%、共有環境が17%、非共有環境が29%**という数字から、親ができることとは何でしょうか？　左図をご覧ください。

学力とは、**「才能×努力」**の掛け算から成り立ちます。

その上で親ができることは、**「刺激」「体力」「学習環境」**の働きかけです。

「才能×努力」＝学力

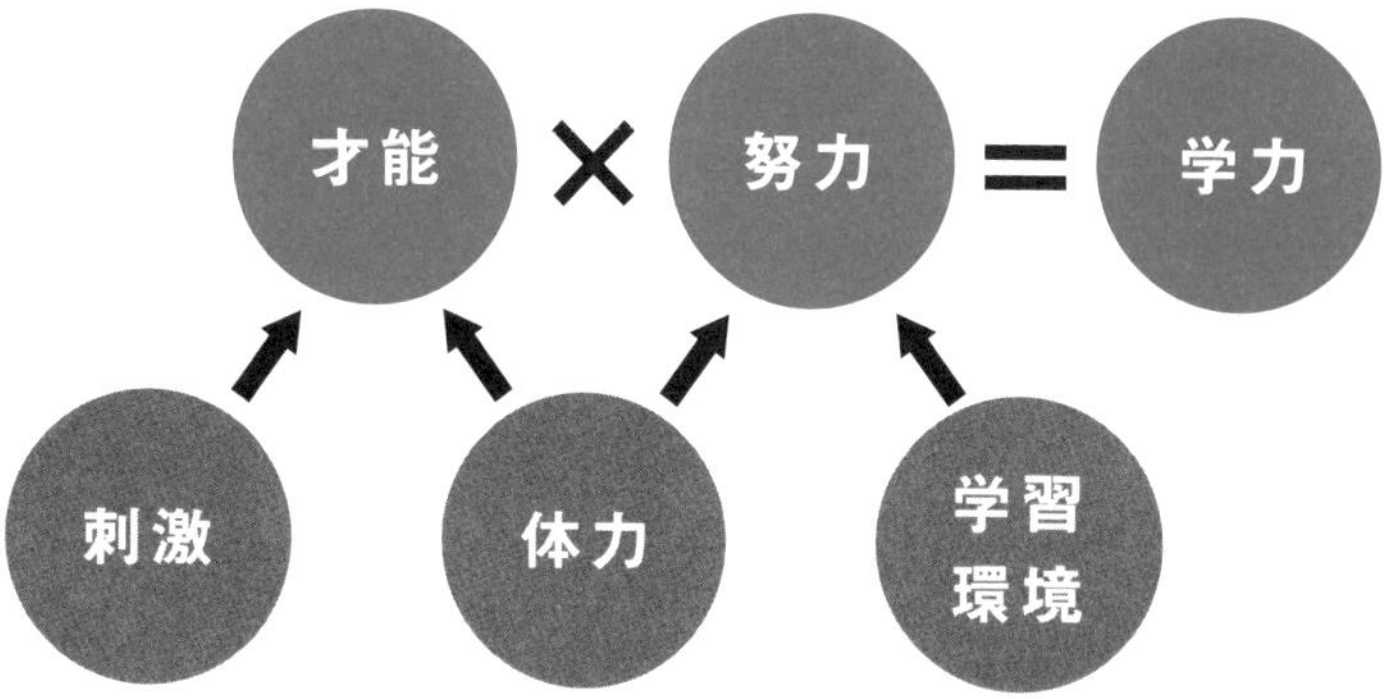

親からの働きかけ① 刺激

第2章で詳しく解説しますが、本物を見せることや体験させること、子どもたちのやる気を促すことです。もともと持っている才能を開花させるために行います。脳の発達は30代まで続きますが、**8歳から16歳くらいの多感な時期にピークを迎えます。**その大切な時期に、お子さんにさまざまな体験をさせて刺激を与えてあげてください。

脳の発達に良い刺激は、運動、勉強、五感への刺激です。とくにどんな運動が良いかは88ページでご紹介します。

親からの働きかけ② 体力

こちらは第3、4章で触れますが、日々の食事や運動です。運動部の部活に入れば、自然と培われることでしょう。才能と努力、双方に影響を与えるものです。

親からの働きかけ③ 学習環境

こちらは、本書全体にわたるトピックです。どんな習い事がいいのか、塾はどうすればいいのか？　お友達付き合いはどうすればいいのか？　など多岐にわたります。
親ができることは、この3つしかありません。ご自身やわが家では、どんな後押しができるのか、本書をきっかけに考え、実行してみてください。

point

子どものポテンシャルに、「刺激」「体力」「学習環境」を働きかけよう

COLUMN

教えて浜田先生！

Q「なんで勉強するの？　なんで子どもだけ勉強するの？」と質問されたらどう答えたらいいですか？

A 本能だからと、お答えください

人間はいいことがあったり、何かを知ったとき、誰かに伝えたくなる本能があります。そして、相手に「いいね！」「なるほど」と褒められたり、認められるとうれしくなります。このような承認欲求もまた本能です。

その先には幸せな気持ちや自己実現があります。

ですから、お子さんには、「勉強するっていうのは、そもそも人間の本能だし、誰かに褒められたり、幸せになりたいでしょ？」と答えてみてください。

なぜ子どもだけ勉強するの？

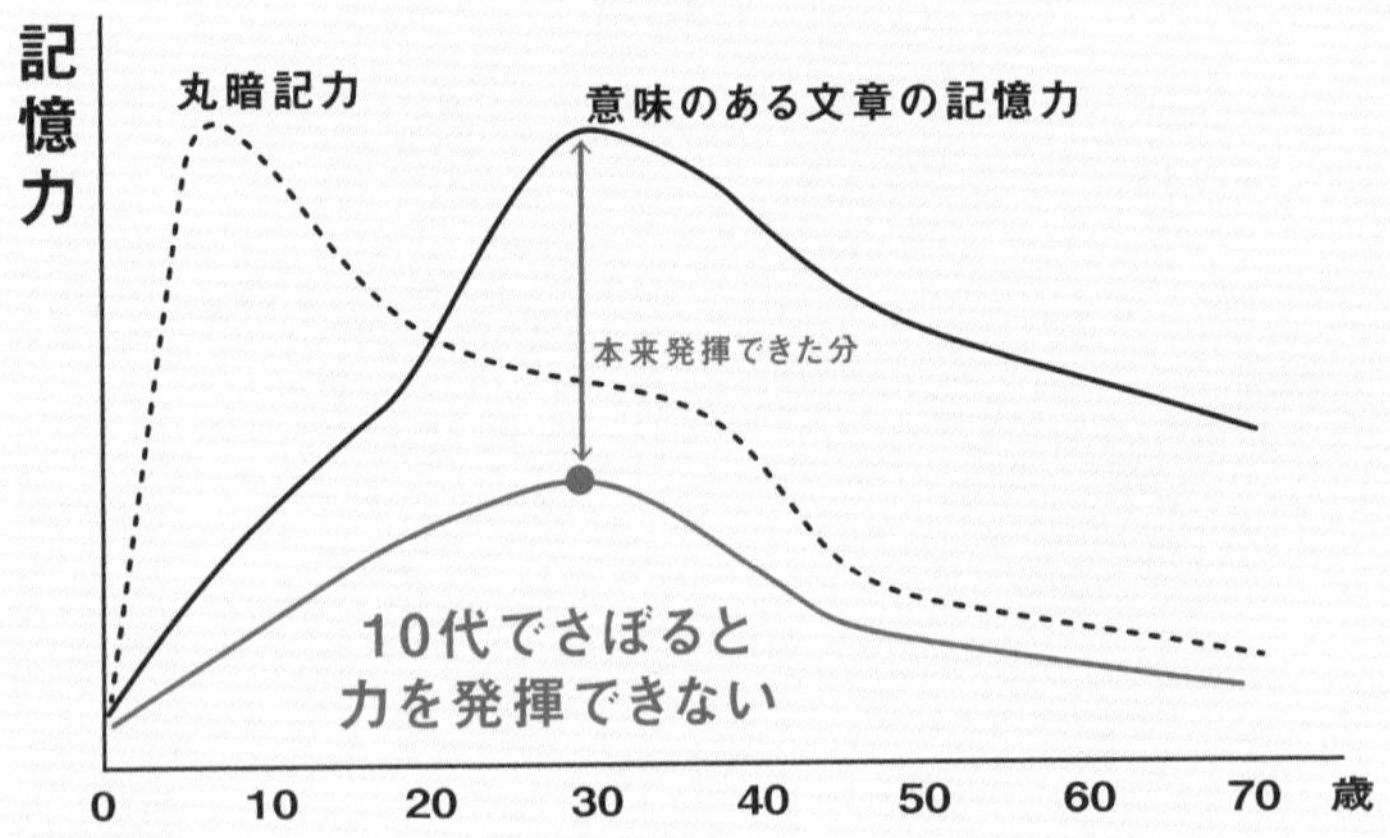

また、記憶力や暗記力などを見ても、10代が勉強の旬。逆にこの時期にさぼってしまうと、せっかくいろいろなことを知れる時期を見逃してしまう点も伝えてあげてください。上図にもあるように、10代でさぼってしまうと、知識や教養が必要となる「意味のある文章」を記憶する力が身につきません。大切な時期であることをお子さんに伝えてください。

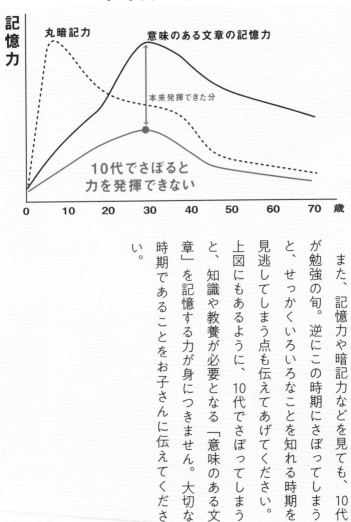

第2章

子どもの
やる気を生み出す
3つの存在

本物を見せる、体験させる

本章では、勉強や部活を継続する際に大切なやる気（モチベーション）について、お話しします。子どものやる気を高めたり、高い水準で維持すること。そのために刺激を与えるというのは、親の大事な仕事です。

なかでも、真っ先に取り入れていただきたいのが、子どもに**「本物を見せる・体験させる」**ことです。

「有名・優秀な塾に通わせる」「さまざまな習い事をさせる」なども方法のひとつですが、それより前にできることがたくさんあります。

感動がやる気につながる

たとえば、近所にプロ演奏家のピアノコンサートがあれば一緒に鑑賞に行く、美術館で名画の展覧会があれば誘って見に行く、野球ならばスタジアムに足を運んでみる、旅行であれば車窓から景色を眺めて会話する……。なんでもいいんです。「生の体験」を親子一緒に体験してください。それほどお金のかかることでもないでしょう。

人であれ、モノであれ、**どの分野でも「本物」には、人の心を動かすパワーがあります。**感受性が豊かな子どもならなおのこと、その体験が肥しになります。

「物心もついていない時期なので、何もわ

からないし、覚えていないのでは……」と思われるかもしれません。しかし、大人が忘れていた一言を、子どものほうがよく覚えている、ということが度々ありませんか？　ご自身の幼少期を思い返してみても、おぼろげながらも、ずっと記憶に刻まれた体験や風景があるはずです。

ひと昔前に比べて、いまではなんでもネットで情報が手に入れられます。YouTubeやNetflixなどから、見ようと思えばいくらだって名画や名シーンを見られる時代です。

しかし、**〝生〟で〝実物〟を感じる**ことほど、子どもたちを刺激することはありません。

親ができる環境整備のひとつは、「本物を見せる。体験させる」ことです。

早速、地元のイベントカレンダーでも見ながら、「週末は●●を観に行こう！」「次の連休には●●をしよう！」と、予定を立ててみてください。スマホを置いて、街に出ましょう。

生の体験こそ、やる気に火をつける

外に出て、本物と出会うことや何かを体験することの効能は、俄然、「モチベーションが上がる」からです。モチベーションとは、言い換えると「やる気」のことです。テレビなどの映像からも感化されてモチベーションが高まりますが、やはり、本物の絵画を見たり、プロスポーツの現場を体感することにはかないません。

ひょっとすると、いろんな本物に触れる度に、「今日は野球選手に、明日は宇宙飛行士に……」と、興味関心がコロコロと変わってしまうこともあるかもしれません。ですが、最初はそれでいいんです。深く興味を持つものは自然と継続していくので、まず親は、子どもたちにとにかくあらゆるものに触れさせる機会を用意して、体験させ、入り口を用意するのが役割となります。

たとえば、男の子なら、戦隊ヒーローショーを見に行くのもいいんじゃないでしょうか。

「あの怪獣みたいなプラモデルが欲しい」と、夢中になって1体つくってみたら、それが発展して、「体重5トンのものなんてどうしたら動くのかな?」「100万℃のビーム光線って、できるのかな?」と興味が広がればしめたもの。立派に物理学や化学の世界への入り口となります。これが同じヒーローショーでも、ヒーローみたいになりたいから、「強くなりたい、空手がしたい」という方向に行く子もいるかもしれません。

その子それぞれの個性や嗜好によって、何に興味を示して、モチベーションにつながるかは親の想像通りにはいきませんが、まさに「文武両道」を活用して、子どもたちの芽を見つけてみてください。

また、生の体験を親が与える際には、見たり、聞いたりできる場所だけでなく、実際に〝**触れられる環境**〟を意識してみてください。

先の怪獣に興味を持った子なら、プラモデルづくりのワークショップ、野球好きな子なら野球教室、絵に関心を持った子なら実際に絵筆を持たせる機会をつくってあげましょう。

何かを触ったりして、痛い、熱い、やわらかいといった触覚を刺激する感覚はより、子どもたちの記憶に強く残っていきます。

point

週末や休みには「本物」を観に連れていき、〝触れる〟体験をプロデュースしよう

子どもをやる気にさせる親のひと言

いろんな経験を子どもにさせてやってみても、なかなか続かない……。こんな悩みが出てきて、歯痒くなるときがくることもあるでしょう。しかし、大人だって一念発起したダイエットが継続しないものですし、三日坊主で終わることが多々あるのではないでしょうか。子どもばかりに期待するのも、親の勝手かもしれません。

モチベーションには、浮き沈みの波がありますし、**賞味期限**もあります。とくに超一流のプレーなどに感化された場合は、興奮したその瞬間のモチベーションはグンと高まりますが、よくもって1カ月くらいじゃないかなと思います。そうした一度上がったモチベーションを維持するためには、親の言葉が欠かせません。やることは簡単です。**褒めること**です。

子どもたちのモチベーションは、親に褒められることです。ひいては序章でも触れたアイデンティティにもつながります。

褒められてうれしいのは、とくに幼い頃は顕著です。「すごいね！」「えらいね！」「さすが！」ということを素直に受け止めて、「もっと褒められたい！」と、次もがんばります。なので、親御さんは**わが子にとって一番の褒め上手**になってもらいたいです。

また、「前より良くなったね」「成長しているぞ」という言葉ももちろんいいですが、さらにそこで単純に褒めるだけではなく、「前より10秒早くなっているぞ」「肩から下のフォームがとくにいいね」と数字やディティールを加えて褒められると、子どもたちはきちんと見てくれているんだなと感じるはずです。

自分自身の成長ってなかなか気づかないので、それを客観的にサポートして気づかせてあげるのが、親の役割です。

これってじつは親も同じで、ひとときCMでもにぎわったダイエットのRIZAPも、ぴったり寄り添ってくれるパーソナルトレーナーがプログラムを用意して、常に成果を応援、管理してくれるからこそ継続して効果が出たのでしょう。仕組みは一緒です。

親が子どものパーソナルトレーナーになったような感覚で、いつも観察してあげて、〝いい言葉〟を投げかけてやってください。そうすれば、モチベーションが継続していきます。

子どもの憧れの人からも言ってもらう

親が「勉強しなさい！」と叱ってもなかなかうまくいかないとき、子どもたちが憧れている人がいるなら、その人を引き合いに出すのも効果的です。

たとえば、牛乳嫌いの子がいるなら、**「大谷翔平君は小さいときにたくさん牛乳を**

飲んでたみたいよ」や、「**将棋の藤井聡太君はこんな本を読んでたみたいよ**」と、ただ、「やりなさい！」と言うのではなく、憧れの人や有名人を〝だし〟に使って、子どもたちのやる気を引き出すのも方法です。

私も東大野球部監督時代、元プロ野球選手である、桑田真澄さん、谷沢健一さん、今久留主成幸さんにお越しいただいて、選手たちに指導してもらう機会を設けたことがありました。「基礎が大事だよ」と、至極当たり前のことも、私が伝える以上に、彼らの口から伝えてもらうと、選手たちも納得感が増したようです。親が言うより、身近な先輩の声に耳を傾けるように、言う内容もさることながら、〝誰が言う〟という方法も上手に活用してみてください。

point

パーソナルトレーナーのように子どもをしっかり見て、褒めよう

モチベーション維持のための3つの存在

子どもたちが幼い頃は、親の褒め言葉を素直に受け止められ、習い事にしても「スイミングスクールで昇級したぞ！」「かけっこで一番になれたぞ！」と、いわば簡単にモチベーションが維持できます。

しかし、だいたい小学5年生あたりから、単純な褒め言葉が通用しなくなる……、といった厄介な年頃になります。見え透いた言葉が通じなくなるんですね。

学業では、早ければ中学受験あたりで競争にさらされます。スポーツでは、チームに所属してレギュラー争いで選ばれたり、選ばれなかったりと、現実に直面するのです。これまでは一等賞、二等賞をとって親に褒められていた子どもたちが、ライバルやお友達と向き合って、しんどい経験をすることになるのも、この時期です。

こんな時期の男の子によくあるのが、じつはチーム内の補欠で悩んでいるのにも関わらず、親たちの前では、「大谷翔平選手みたいになる！」と、夢のようなことを口にするような行動です。

目の前の苦しいことからまるで逃げるように、いろんな障壁や悩みを忘れるがごとく、こうした発想をします。

これはある意味、現実逃避で、**人間の防衛本能**みたいなもので、私は全然悪いこととは思いません。むしろ、人間が成長する過程で誰しもが通る道だと思います。

ですから、親としてごく自然に見守ってください。「いまそんな状況なのに、何を言ってるんだ」なんて言葉は禁物です。

いままでと変わらず、**褒めるところはしっかり褒める**。その言葉の効力は、幼いときに比べて効果が薄まっているかもしれませんが、子どもたちはしっかりその言葉によって心を現実逃避したくなる出来事から回復しています。

さらには子どもたちが小学校5年生くらいの年齢になってからは、親御さんだけの力でなく、3つの存在がモチベーションを維持する助けになってくれるはずです。親だけではない、次なる環境づくりに移るフェーズです。その3つの存在とは、

協力者① 同じ目標を持つ仲間

同級生のことです。切磋琢磨できる仲間とより早く出会える環境に導くのが親の役割です。とはいえ、それは子どもたち自らが選ぶことでもあるので、選択肢を用意して、子どもたちに決めさせてあげてください。

思春期ともなればとくにそうですが、親や先生などの上下関係の声より、**友達や同級生などの同列関係の声にこそ敏感になる**ので、いい友達に巡り合えるように導くことです。

協力者② 応援してくれる人

親であるあなた自身と、学校の先生です。学校選びならまだしも、担任の先生までは選べないでしょうから、学校の気風やレベルをある程度、親が吟味して道筋をつけられるといいでしょう。なお学校選びのヒントは第5章でもご紹介するので参考にしてください。

協力者③　身近なお手本

先輩といえる存在です。

夢のように遠いものではなく、まずはこの人をお手本にしたいという存在に早く出会えると、子どもたちの目標が明確になります。

身近に東大野球部卒のOBやOG、東大卒の先生などがいれば、お手本探しは容易かもしれないですが、すぐに見つからないという方もいらっしゃると思います。その際は、この本をヒントにしてみてください。

同列の同級生、上下関係に立つ親や先生らだけでない、少し上にいるかっこいい憧れの〝お手本〟がいる環境を、いかに用意できるかが親の役割となります。

じつは、これら「3つの存在」を得られるのが「**部活**」です。

部活ならば、身近な**お手本**となる先輩を見つけやすいでしょう。「あの先輩のようになりたい！」「あの先輩はこう言っていた」と感化される環境だと理想的です。そういった人間関係から、上下関係を自然と学ぶこともできるでしょう。礼儀や挨拶、協調性というのは、すべて後天的に身に着けられるもの。親が躾《しつけ》ていくこともももちろん重要ですが、社会生活で必要となる能力は、社会の縮図とも言える〝部活内〟で、身に着けることができます。親より先輩に言われたほうが身につまされることも多いですし、部活を通じて、教えられ上手、教え上手にもなります。

部活の先生や監督が目標を示してくれることもあるでしょう。卒業後も慕い続ける「恩師」に巡り合えるかもしれません。

また、同じ目標を共有し切磋琢磨する**仲間**を見つけられます。同級生と、ときに競争、ときに支え合うことから、自分の〝得意技〟を見つけられますし、それを伸ばすことができます。その過程で、何より、一生モノの友人ができるかもしれません。さらには、後輩たちに教えたり、彼らから刺激を受けることで、自分を見つめ直すきっかけを得ることができます。「教えることは自身が学ぶこと」とはよく言ったもので、教える立場の子どもの能力こそ伸びていきます。

受験勉強もですが、部活やひいては仕事も、一人だけでやっているとモチベーションは維持しづらいもの。周囲の存在や刺激があってこそ、続けていけるものです。大半の塾では受験対策などの勉強や戦略は教わりますが、こうした豊かな人間関係はそうそう生まれません。

point

子どもの仲間とお手本を見つけてあげよう。部活は得意技を磨く格好の場所

部活動を通して得られるもの

前項で部活の話を挙げましたので、モチベーション以外の利点をまとめてみました。

部活の効能①　体力が自然につく

先にもお伝えしましたが、何をするにも体力が土台となります。

野球などの運動部の部活では、体力が自然とつくのはもちろんのこと、書道や吹奏楽などの文化部でも、ランニングをしたりと、体力づくりに励んでいるところも多いです。帰宅部になるよりも、何かしらの部活にいそしむのが良いと思います。

集中力、忍耐力などを養うといった点でも、体力づくりは、必ず勉強に活きます。

部活の効能② メンタル強化

メンタルだって当然、鍛えられます。

「部活に入れて上下関係とメンタル強化を学ばせたい」という親御さんもたくさんいらっしゃいます。

練習で肉体的にきつくても勉強でひと踏ん張りしたり、通学時間もムダにしないような時間の使い方。ライバルに負けたり、試合に負けたりという、辛い経験やしんどい練習にも直面するでしょうから、その壁を乗り越える過程で、メンタルが強くなるはずです。

部活の良い点は、これらをみんなでやるから乗り越えていけることです。一体感が生まれて、お子さんのメンタルを周囲の仲間が支えてくれて、強くしてくれます。とかく、勉強は一人でやるものなので継続が難しいときもありますが、仲間がいることが継続する力になるんです。

また、「優しいことは強いこと」という言葉があるように、部活を通じて自身が努力をしていると、本番に向かう際の緊張感や、同じような努力をしてきたであろう相手への思いやりやリスペクトも生まれます。ラグビーでいうノーサイドの精神（試合終了とともに、敵と味方、勝者と敗者の区別がなくなり、お互いの健闘を讃える）のような気持ちを持ち、ただ強いだけでない優しい気持ちを育むのに、部活が活きるのは間違いありません。

こうした子どもたちなら、どんな社会に出てもやっていけますし、周囲の信頼も得られると、私は思います。

部活の効能③　競争とチームワーク

部活ではチーム内のレギュラー争いなどを通して、「僕は、周りより下手だな」と序列や実力不足、挫折感を経験することもあります。

こんなとき、下手だけれども、何かしらチームに貢献したいと「自身の役割」を知ることができます。

役割を知ることで責任も生まれ、「自分に何ができるだろう」という発想となり、それぞれの立場が人を育てます。

受験を前にして部活を辞めないほうが良いと言えるのは、このチームワークと競争にあります。受験の本番は当然、一人で臨むのですが、日々の勉強をモチベーション高く保つには、周りの影響が大きいです。

「野球ではかなわなかったけど、国語は僕のほうが得意だ」「オレ全然、数学できないから、教えてくれよ」といったような、フラットな関係で双方を気兼ねなく補えるのは、3年ないし数年の苦労を共にした部活の仲間だからこそです。

浪人生活を経験したことのある親御さんなら、想像しやすいでしょうが、受験を一人で臨むというのは、本当に大変なことです。

これは、単純に成績や偏差値を争う塾では難しいことでしょう。個人同士の戦いになりがちだからです。塾の友達同士で切磋琢磨するケースもありますが、部活を共にした仲間たちの存在とは、やや色合いが違います。

「チームメイトのあいつには負けたくない。あいつもがんばっているから、オレ（私）

もがんばらないと」という、普段は仲が良い関係の中にある、競争意識が受験へのプレッシャーを押しのけてくれるでしょう。

勉強は個人プレーですが、受験はチームプレーです。

環境を整えてくれる学校、アドバイスや目標を示してくれる先生や監督、お手本となる先輩、支え合う友達、鏡となる後輩、そして、**応援するのが親**です。

親子のためにも部活を利用するという視点に立ってみてもいいのではないでしょうか?

point

部活によって、体力が自然につき、メンタルが強化され、競争を通してチームワークが身につく

途中で挫折しない人が知っていること

文武両道を目指す子どもたちに向けた、私のYouTubeチャンネルや講演で、モチベーションには〝不安〟や〝復活〟といった浮き沈みがあることを伝えています。

運動にせよ、勉強にせよ、ある程度までぐっと成長しながら、足踏みするような「踊り場」の期間があります。皆さんも経験したことがあるのではないでしょうか？

努力をしているのに結果が出ないな、と悩んでいる時期のことです。

たとえば英語学習の初期の頃では、単語を覚えるにつれ英語の点数が上がりますが、あるとき、単語数を増やすだけでは点数が上がらない段階が訪れます。もう一段上に進むために必ず通る道なのですが、ここで挫折したり、嫌いになってしまう人がいる

上昇曲線と成長の踊り場

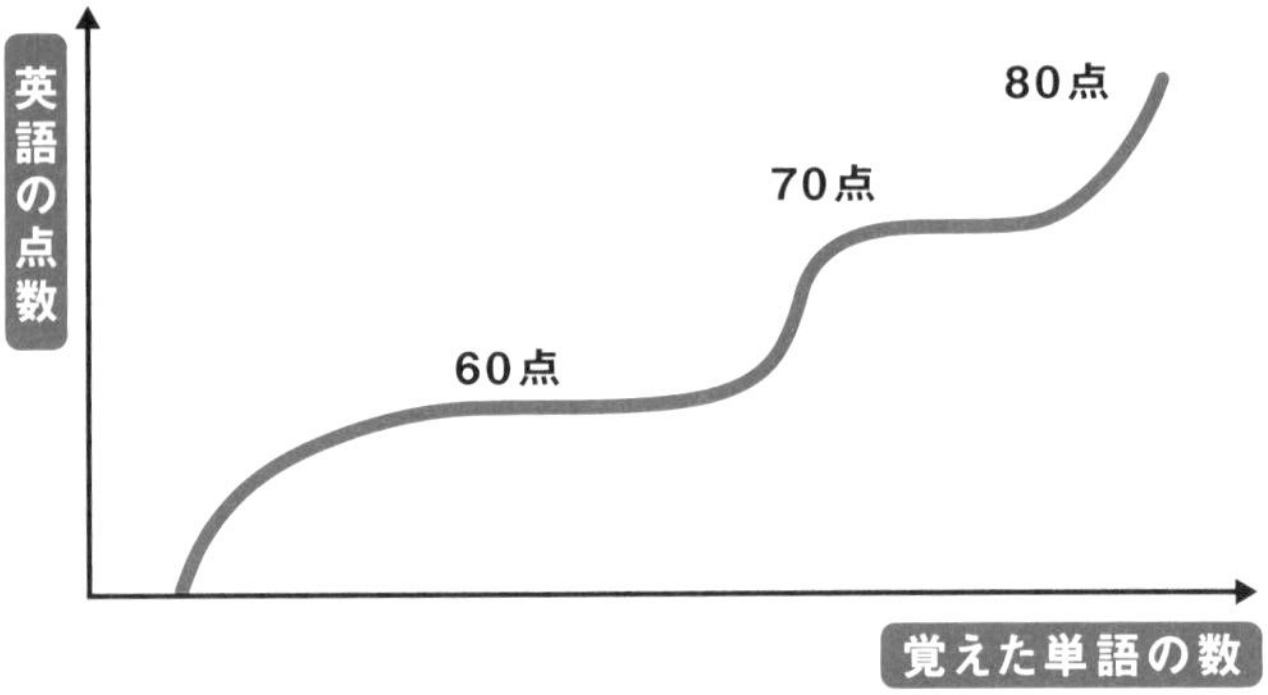

「浮き沈みがあること」を知れば、対策も打てる

のです。

ちなみに、こうした壁を乗り越えるときに支えになるのが、先ほど述べた①同じ目標を持つ仲間、②応援してくれる人、③身近なお手本、なんです。

とくにスポーツを経験した親御さんなら、毎日コツコツ練習していた中、課題だったプレーが急にできるような瞬間があったかもしれません。また、英会話でもずっと挫折期間だったのに、急に話せるようになる、そんな瞬間を経験したことのある方もいらっしゃると思います。

ですから、この成長の踊り場をどれだけ辛抱できるかというのが大切です。あきらめない環境をつくるとも言えます。

その環境こそ、親や先生、お手本となる先輩、一緒に取り組んでいる同級生が生み出してくれて、あきらめないためのモチベーションを保ってくれるわけです。

子ども一人だけ、もしくは親と子どもの関係だけでは、うまくいきません。

〝個人〟の成長を褒めて、不安を解消させる

こうしたやる気の浮き沈みを乗り越えるには、そもそもモチベーションにはサイクルがあることを知っておくことです。

私は、東大を目指す高校生に、「『ちょっと伸び悩んでいるかも→なんかいける！』というサイクルは、1〜2カ月周期でくるよ」と伝えています。これは大学受験生だけでなく、読者の方の子育てにも応用できます。

周期こそ個人差があるかと思いますが、浮いたり沈んだりするリズムがあります。からだのバイオリズムと同様です。

モチベーションには不安や復活がある

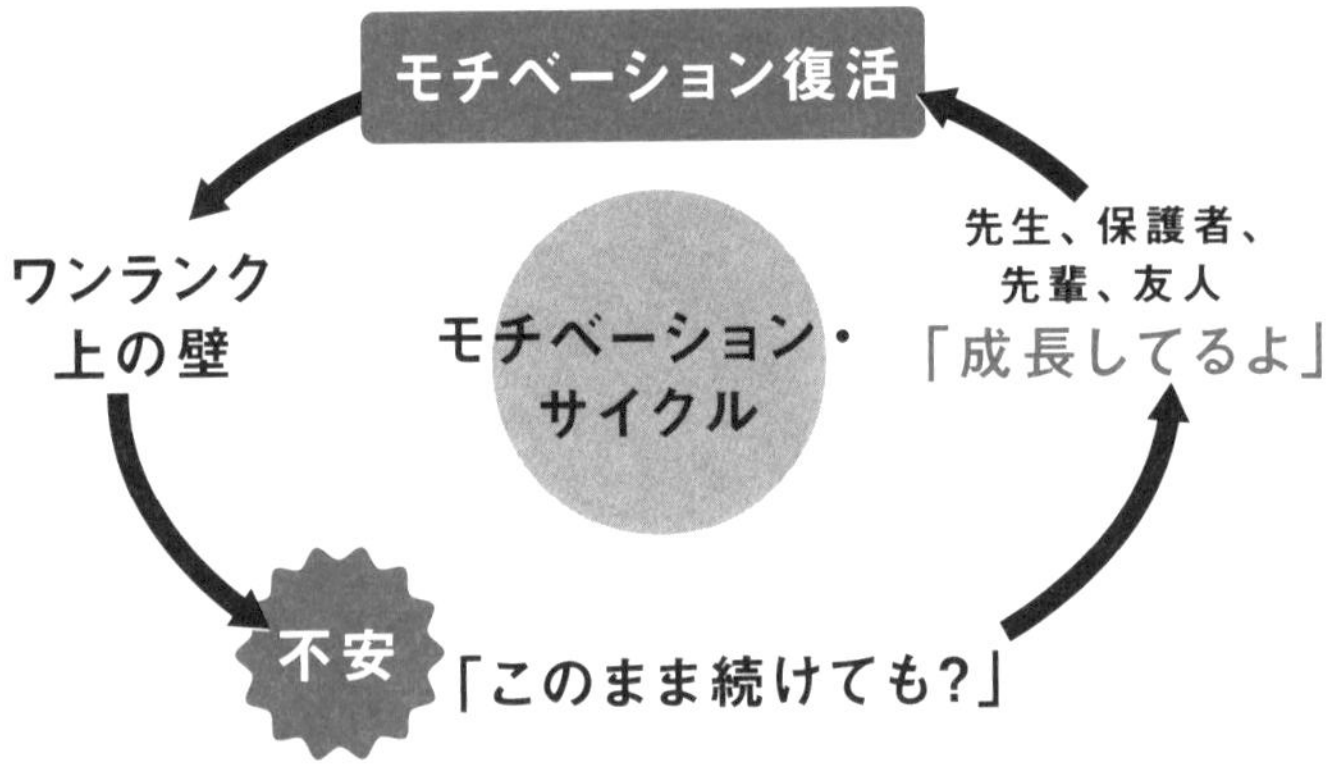

子どもの不安は、親のひと言で解消される

そんなときに、親ができることは、子どもたちの微々たるところでも、**「成長しているよ」という言葉をかけることです。**不安になる気持ちを沈んだままにしないで、持ち上げるような一言です。

その際、次のようなことに気をつけてください。

- **ただ漠然と褒めない**
- **世間の評価ではなく、個人の成長を褒める**

学校の成績や偏差値などではなく、たとえば、「漢字や語句を前より覚えられているね」「例文の数も前よりよくわかっているね」「水泳のタイムが早くなったね（順位には触れない）」といった具合に、その子自身の成長にフォーカスした言葉をかけてあげるといいと思います。

数字やディティールをつけて褒めるのもコツです。

point

やる気には、浮き沈みがあることを知っておこう

COLUMN

教えて浜田先生！

Q 私たちの周りに、東大卒の人間がすぐに見つかりません。どうしたらいいお手本を見つけられますか？

A **お手本になる人は必ずいます**

本書は「東大野球部式」と銘打っているので、できれば東大卒のお手本を、とお伝えしましたが、それにこだわることもないでしょう。あくまで一つの例です。

お子さんのやりたい方向に合致した、お手本や師匠、先生となる人はレベルの高低こそあるかもしれませんが、必ず周りに存在しているはずです。

また、ムリに〝専属コーチ〟のような人を、親が探してあてがうこともなく、本物に触れるような体験を続けていると、自然と子どもたちが目標にする身近な存在を見つけます。それも一人に限らず、いろんな先例を彼らは参考にするはずです。
まずは、**ちょっとした〝お兄さん・お姉さん探し〟**のような感覚で、目指す道の先輩との出会いの機会をお子さんに与えてあげてください。
悩むようなら、まず行動して、気になる場所に足を運ぶことです。

COLUMN

教えて浜田先生！

Q 部活動をすると、本番に強くなれますか？

A **もちろんです**

受験や試合当日、本番に強い子ってどんな子だろうかというと、「あれだけ練習してきたんだから大丈夫」「私はこれが誰よりも得意だから」という、自信や自負があるのは当然のことながら、もうひとつ、見逃せない点があります。

「再現力・修正能力」です。

どんな子でも緊張したり、想定外なことが起きたり、自信が揺らぐときがあります。そんなとき、本番に強い子は修正ができるんです。なので、決して「なんとなく打てている、できている」という、才能本位の話ではありません。

言い換えると、**自分のできることやいいところを理解し、言語化できる力**とも言えます。

野球でたとえるなら、第一打席で凡退した——。このときに、自分のいいときと比べて、重心が違うなとか、タイミングの取り方が違うな、など、自己分析ができる能力です。アスリートでもプロとアマチュアの違いはここにあって、一瞬調子のいいアマチュアがプロに勝利することもありますが、10回戦うと9回はプロが勝つ。調子が悪いときに悪いなりに結果を出せるのが、プロであり、それを為せるのが「再現力、修正能力」というわけです。

このような再現力はどうやって身に着けられるかというと、**「人に教えること」**です。普段なんとなくできている自分の行動を、誰かに伝えることで自分自身も学ぶことができます。その点でも、後輩という存在がいる部活には、絶好の機会があるのです。

何となくできているという天才的な自信ではなく、自分の特徴を知った上での再現力を持った自信を得られると、本番に強くなれます。

第 3 章

塾と習い事、どうする？

幼少期の習い事は、背骨と指先の発達の目線で選ぶ

はじめにでも触れましたが、全国各地で「文武両道のススメ」の講演を行うと、「小さい頃にどんな習い事をさせるといいでしょうか？」という質問を、親御さんから度々、受けます。

そんなとき、「早期から野球を始めてください」とお伝えしたい気持ちは山々のところ、**「水泳とそろばんは、どうでしょうか」**とお答えしています。

水泳は**背骨の発育**にとても有効ですし、姿勢もしゃんとする効果があります。どんな分野であれ、一流の人は姿勢がいいものです。実際、東大生の姿勢は、とても美しい。姿勢はとても大切です。同じように体操やバレエもいいかもしれません。

もうひとつのそろばんは、**指先からの脳への刺激や発達**にとても効果があります。「いまどき、そろばん？」なんて、思われた方もいらっしゃるでしょう。しかし、じつはいまでも子どもの頃にそろばんを習ってきた現役東大生はたくさんいます。単に計算が早くなるというだけではない効果が隠されていたのです。

ちなみに、２０１７年に東大の運動部に所属している男女３００名に「５〜９歳の頃、どのような習い事をしていたか」をアンケートしたところ、次のような結果となりました。**水泳がダントツ。ピアノ、野球と続き、そろばんは10位に入っています。**

どんな習い事がいいの？

Q.5〜9歳の頃、どのような習い事をしていましたか。（東大生対象）

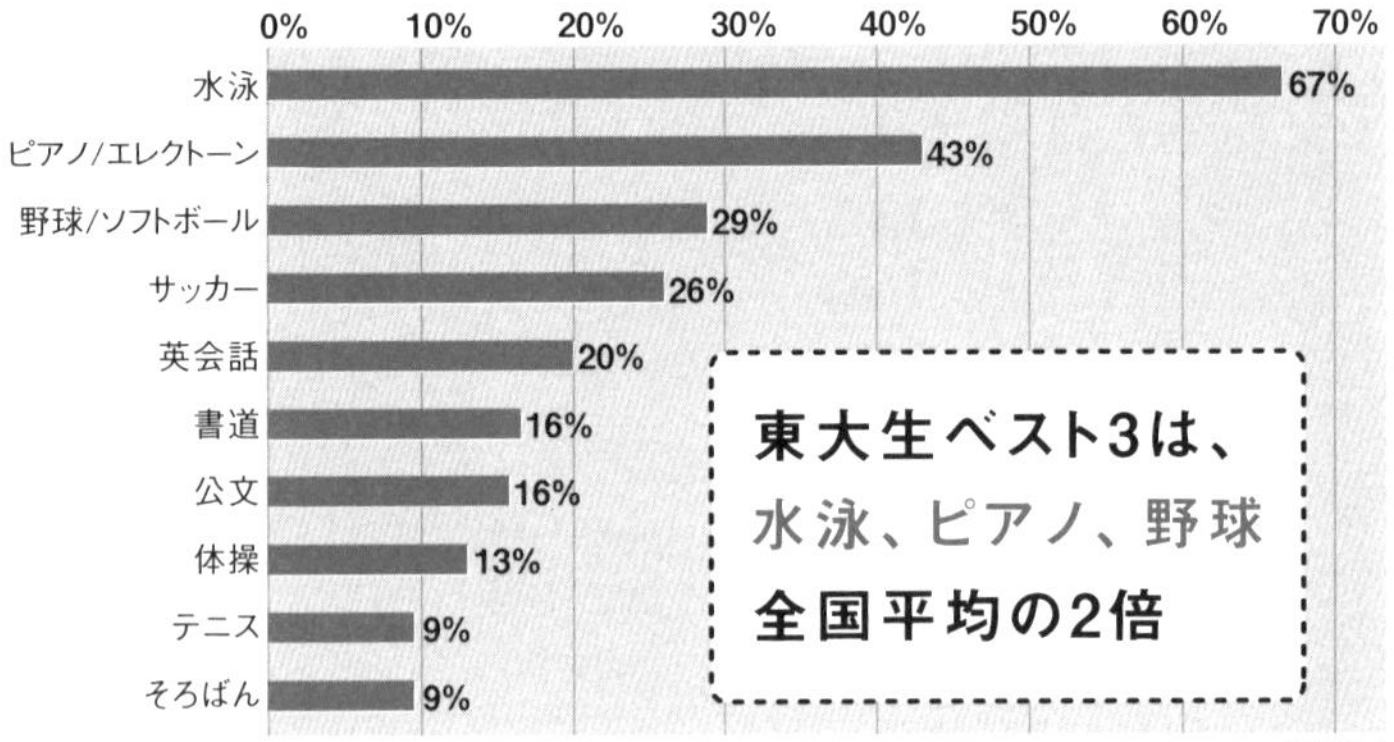

著者調べ

水泳とそろばん、これはまさに文武両道の典型例とも言えます。とはいえ、もちろんこの2つがマストの習い事というわけではありません。子どもの発育にとって「**背骨**」と「**指先**」が重要であるということを知っていただきたいのです。

習い事ではないですが、男の子ならプラモデルづくりもいいですね。サッカーに比べると野球のほうが指先をつかう競技ですので、よりオススメとも添えておきましょう。

習い事としての野球の特徴

せっかくなので、もう少しだけ野球の良さをアピールさせてください。

①脳が発達
体全体を使いますし、とくに指を使うので、脳の発達につながります。

②思考力
戦術が豊富で、考える機会が多いため、思考力を培います。

③安全
幼い頃には硬式球は危険かもしれませんが、他の競技に比べて接触プレーが少ないことから比較的安全なスポーツです。

④ 社会性

礼節とチームワークを学べます。よく社会に出ると野球やラグビー部出身の人が出世すると言われますが、お互いに助け合いながら行う競技である面が作用するのではないでしょうか。

⑤ 将来性

他の競技もプロ化していますが、日本では野球がどの競技よりもプロの世界が組織化されています。

どんなスポーツでも人間形成に良い影響を与えますが、東大野球部式と銘打つだけに野球の利点を述べさせていただきました。

なぜ、背骨と指先が大切なのか？

人類の進化について諸説ありますが、人間は、約３００万年前に完全に二足歩行になったと言われています。

背骨で脳を支えられるようになり、劇的に脳が発達した進化の過程を見ると、いかに人間にとって背骨が重要であるのかが容易に想像できるのではないでしょうか。恐竜はあれだけ体が大きいですが、脳のサイズは人間よりも小さいです。

学術的な話は専門書に譲るとして、この本では、**「背骨は脳の大きさを決める」**と理解してください。また、脳の大きさはおおよそ10歳くらいでかたまります。

もうひとつの、指先の働きについては、**脳のシワの数を決めます**。つまり、脳の機能を高めるということです。脳のシワは小学生頃に格段に増えます。

子どもたちの脳細胞は、赤ちゃんのときからすでに大人とほぼ同じですが、小さな頃は、脳で情報処理する神経細胞同士はまだつながっていません。そして、神経細胞同士をつなげるためには、五感からの刺激が必須と言われています。

五感とは、味覚、聴覚、嗅覚、視覚、触覚の5つの感覚のこと。先のページで子どもたちにいろいろな体験をさせてあげてくださいとお伝えしたのは、まさに五感を刺激してもらいたいからです。

群馬大学教育学部の小山啓太氏の研究では、単純な握り運動ではなく、**ボールを握るような指の運動のほうが、脳の活動が活発になる**というデータも出ています。

ですので、習い事選びの際は、「触覚」「指先の運動」の体験や刺激をいかに与えられるかという視点に立つといいのではないでしょうか。

脳の大きさの話が出ましたが、容量があれば一概に良いというものではありません。脳の容量というのは、いわば、家の大きさや部屋、タンスの大きさのようなもの。たしかに広い部屋にはたくさんのものを置けますが、**小さな部屋でも整理整頓をすればたくさんのものを置くことができます。**

勉強はまさにその整理整頓の技を覚えることです。関連する情報を近くに置く、よく使う知識をすぐに出せるところに置く、方程式で応用できるなら、要らない知識は捨てる、といったイメージです。勉強ができる子はこの整理整頓に長けていて、苦手な子はなんでもかんでも、あちこちに置いてしまう……。

なお、整理整頓の方法は後天的に学べて、熟練させていくことが可能です。脳という家や部屋、タンスの「容量」は親から受け継ぐので遺伝ですが、タンスの引き出しの中を整理整頓して、必要な知識や情報を自在に引き出せるかどうかは、本人の工夫次第となります。この**工夫の仕方を先生や親、大人たちが伝えてあげなければなりません**。ですから、どんな環境で、どんなトレーニングをするかによって学力が左右されるのです。

point

習い事選びのヒントは、「背骨」と「指先」の発達につながるかどうか

焦らずまずは体力づくりを優先

「同級生のお子さんは英語を始めた」

「シュタイナーや、モンテッソーリ教育というのがいいらしい」

「お受験をするなら、どこの塾がいいのだろう？」

まわりのご家族やお子さんたちを見ていて、何かうちもやらねば、と焦る親御さんもいらっしゃるでしょう。


私は、そんなに焦る必要はないと考えます。

何を行うにしても、**体力が土台**です。ですから文武両道を実現するにも、よく運動して、よく眠る、そうした基本的なことで十分だろうと思います。

次の項目でもお伝えしますが、かなり早期から塾に通うのは一部の子どもたちだけです。東大野球部の選手たちも、高校時代に塾へ通わずして合格・入部している子はゴロゴロいますし、何はともあれ体力づくりに目を向けることでしょう。

勉強を長時間かつ長期間続ける力、心が折れそうになってもモチベーションを維持する力の源泉は体力しかありません。人生経験が豊富な親御さんならば実感する話でしょう。**才能や気力も、体力がないことには発揮できません。**

といっても話が漠然としているかもしれませんので、具体的に補足すると、第一に**「背筋力」**が大切です。東大に合格した野球部員たちの勉強時間は、高3の春時点で7・4時間、高3の秋以降は12・8時間（149ページ）。これだけの時間机に向かうとするなら、それなりの背筋力がないと続きません。

東大生は野球部員に限らず、みな背筋が真っすぐ、机に向かっている姿勢がじつに美しいです。ふせっているような格好でノートに向かっているような子は一人もいません。

背筋力があれば、机に
長時間向かっていられる

こうした〝型〟から入っていくのも、親からアドバイスとして有用ではないでしょうか。

もうひとつが、「握力」。これは卵が先か鶏が先かのような話ですが、東大野球部の新入部員は意外と皆、握力が強いんです。決して、ひ弱ではありません。野球だけでなく、鉛筆を握っている時間が長かったのだろうなあと想像しますが、やはり体力がないと受験勉強も乗り越えられないということです。

しかも、体力づくりのトレーニングの成

果に関しては、遺伝の要素は関係ありません。誰しもが、一定以上の水準にまで伸ばすことのできる分野です。

教育の進路に悩んだり、子どもたちに小言を言う前に、一緒にジョギングやランニングをして、体力づくりに励むほうが、親子の悩みも解消されるのではないでしょうか。

point

育て方で悩んでいるなら、まずは親子で体力づくり。それがすべての土台になる

塾通いの検討は、小学5年生からで十分です

講演での親御さんとの質疑応答で多いのが、
「塾はいつから通わせるといいのでしょう？」
というご質問です。

私は、**小学5年生くらいの時期での判断で遅くない**と思いますし、焦って早く入れることもないと思っています。東大野球部員を見ても、そもそも塾に通ったことがない子どもたちがたくさんいました。

都会では顕著ですが、中学受験を目指すご家庭では、小学1年生くらいから塾通いを始めます。実際に中学受験対策の進学塾では小1からコースがあります。私自身、

塾を経営していたことがあるので、経営者目線で言えば、小1くらいから〝囲い込み〟がしたいという他塾の方針もよくわかりますが、教育者の目線からすれば小5くらいの時期での検討が妥当だと思います。

それには3つの理由があります。

入塾のタイミング①　脳の成長

脳の成長は、だいたい10歳くらいで止まり始めます。というと、皆さん驚かれると思いますが、あくまで「大きさ」としてです。

先に触れた脳のシワ・機能はもちろん増えていくのですが、脳にもこうした分岐点があることが、小5あたりを検討のタイミングとする理由です。それよりも前に詰め込み式のような学習をするくらいなら、**伸びやかに五感を刺激する体験を重視するほうがいい**のではないかと思います。

入塾のタイミング② 子どもたちの自我

小5を分岐点にする理由は、この時期くらいには、ある程度、自身の状況やできること、やりたいことがわかる時期でもあるからです。塾選びにしても、幼い頃は「●●ちゃんが行っているから、僕も行きたい！」と周囲に左右されがちですが、小5くらいにもなれば、「●●学校に行きたいから、塾に行きたい！」と、自分の意見が言えるようになります。

そんな動機なら、継続するモチベーションも期待できますし、自身の決断であれば、周りとしても応援してあげたいものです。

入塾のタイミング③ 才能の見極め

なぜ、小5くらいが塾通いをするかどうかの判断時期かというと、子どもたちの「早熟」か、そうでないかが、判断できるタイミングであるからです。まるで神童のような小学生時代だったのに伸び悩む子、一方、高校生くらいからグングン伸びていく子については、だいたい小5くらいで見えてくるように思います。

たとえば、**数学のセンス、言葉の選び方からの言語センスも、親から見てもこの時期にわかるようになります**。また、センスだけでなく、精神的な面でも「この子なら勉強やスポーツで揉まれてもやっていけるな」と判断できる雰囲気が伝わってくるでしょう。

すると、もう少しゆっくりした環境がわが子にとって向いているのか、厳しい環境が合うのかがわかるはずです。

才能の見極め方のヒントのひとつとしては、子どもたちの〝反応〟を見てみてください。

何かの分野を学んだり、教えた際に、「これってどういうこと？」と、**追加の疑問や質問がくる分野には才能の芽があります**。自慢をしてくる分野にも見どころがあるでしょう。さらに、大人の意見に「これはちょっと違うんじゃない？」と意見が言えるようなら大合格です。

一方で、親側から質問した際に「う、うん……」と一拍おいて返事したり、逆に「はい、はい」と空返事するような際は、無理をしているか、「勘弁してくれ」のサインでしょう。親は、こうした〝間〟を敏感にとらえることです。日々、観察していると必ず気づけます。

ともあれ、決して、親の願望で焦って塾を選んだり、ムリした学校などを選ばないことです。大学受験、さらにはもっと先の社会に出たときのわが子の元気な姿を想像して、進路も考えてください。

偏差値40からの大逆転。東大野球部、佐藤君の話

エリート進学校出身でなくても、東大野球部に入部した部員として思い出深い子に佐藤有為君がいます。佐藤君の出身校は東京・文京区にある京華高校です。高校の偏差値は50前後、附属中学では40前後という学校です。

佐藤君も、もし超進学校に進学していれば、後ろのほうの成績だったかもしれませ

ん。

しかし、京華では**上位の成績を維持して、1年間の浪人生活を経て、2019年に東京大学文科三類に合格**。東大野球部時代も、左投左打のファーストとして活躍しました。

じつは彼のお母さんが、私と同じ土佐高校の出身で、佐藤君が大学に進学しても野球を続けたいというので、**東大野球部にあったボールを渡したんです**。きっとそれを見ながら、部活と勉強の両立をがんばってくれたんだろうと想像します。ボールひとつがモチベーションを保つお守りになったのかもしれません。

また、彼の高校時代を振り返ったインタビューを見ると、「最難関の東大を目指しているのだから、勉強との両立を『つらい』『きつい』とは言っていられない。どちらかをあきらめたり、手を抜いたら両方やらないことと同じ」。「現役受験時に北海道大学や早稲田大学に合格したが、もう1年勉強すれば東大に合格できる自信があるから、再チャレンジした」ということでした。
また、とてもいい恩師・奈良潤一先生や、高校野球部の仲間に囲まれたからこそ、がんばれたとも語っています。

point

わが子の成長、自我、才能の観点で学校選びをしよう

COLUMN

教えて浜田先生！

Q 子どもにはいつからゲームをさせて構いませんか？

A いつでもいいですが、どんなゲームかによります

ゲームは一見、手先を動かすので、器用になりそうですし、五感を刺激するように思います。ですが、実際のところ、あまりその効果は期待できないように思います。なぜなら動くのは指先だけで、腕や肘を伴う動きにならないからです。最低でも肘から指までが動くような運動ができるようなものがいいですね。

また、目線も大切です。ゲームでボタンを押して、弾が動くような動きも、自分の操作で動くのは画面の中の弾だけ。そうではなくて、自分の動きで実際に〝触感〟と

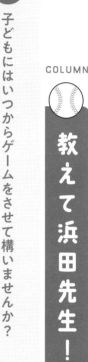

して何かが動くような指先の運動こそが、とくに小さな子どもの時期には大切だと思います。

なるべくなら、アナログなゲーム。幼い頃ならブロックで遊んだり、もう少し年齢を重ねたら、トランプの〝スピード〟のゲームがいいのではないでしょうか。

といっても、子どもたち同士の付き合いもありますし、禁止したほうがいいとも言えないですし、「宿題を終えたら1時間していいよ」というように、適度にゲームと付き合うように管理してあげてください。

第4章

親ができること、親しかできないこと

家の中のどこで勉強をさせるといいのか問題

小学生にもなれば、わが子に個室を与えるか、それとも親の目のもと、リビングで勉強させたらいいのか？　勉強部屋について考えるタイミングが訪れます。

その点でいうなら、「どこでもいい」というのが、私の答えです。東大生らにアンケートをとっても答えはバラバラでした。その子が慣れ親しんだところなら、部屋の大小、広さなどは関係ありません。

あえて言うなら、すぐに親に質問できたり、子どもが「がんばってるよ」とアピールしやすく、親に褒めてもらいやすい場所がいいですね。なので、リビングが良いという説もあながち間違っていません。それより、もっと大切なことがあります。

それは「**換気**」です。

私が塾で教壇に立っていたとき、塾生たち20人の協力の元、ある実験を行いました。10人ずつ2つのグループに分かれてもらって、双方午前中の3時間、集中して勉強してもらい、その後、1つのグループには〝あるもの〟を摂取してもらい、もうひとつのグループにはそれなしで、午後に単語の記憶テストをしてもらったところ……、あるものを摂取したグループのほうが2割も点数が良かったのです。

皆さんは、これ、何だと思いますか？

コーヒーやコーラなど、さまざまな飲み物

を飲んだりと塾生たちと実験を重ねた結果、効果があったのは、「**酸素**」だったんです。

よくマラソンランナーなどが酸欠になっている際に、注入しているあの、「酸素缶」です。休憩時間に酸素を補給してもらった子どもたちのテストの成績が良くなったという実験結果となりました。

とはいえ、ご家庭で酸素缶を吸いながら勉強するというのも、少々やり過ぎでしょうし、日常としては滑稽にも思います。

そこで大切になるのが、「**換気**」です。

酸素缶に比べて、換気ならタダでできます。親御さんも密閉したクルマの中で長時間運転していると、眠気に襲われたという経験がある方もいらっしゃるのではないでしょうか。いくつかの研究報告でも二酸化炭素が３０００ppmを超えると、眠気や疲労感、中には頭痛を覚えるというデータがあります。**人間の集中力を保つために、いかに酸素が大切か**という事実です。

ですから、子ども部屋を与えるにしても窓がある部屋、リビングに机を置くとしても定期的に換気をして、子どもたちの集中力を保ってあげてください。

point

勉強する場所での「換気」に気を配る

「勝ちたきゃ食え」の東大野球部式食育

私が東大野球部監督をしていた頃（2013〜2019年）は、94連敗中の苦難のときでした。連敗脱出のために、まず行ったのが、部員たちのモチベーション維持や科学的トレーニングに加えての**食育**です。

合言葉は「勝ちたきゃ食え」。

練習の優先順位を、①食事、②ランニング、③筋トレ、④守備、⑤打撃と位置づけ、食事改革から行ったのです。選手たちに口酸っぱく伝えていたのは、**「毎朝1合はごはんを食べるように」「1日で肉も含めて、4000〜5000kcal摂取を目指せ」**。その結果、食育を開始した2013年からはホームラン数が増えました。

と、言っても読者の方の大半は、お子さんにホームランの数を求めているわけでないでしょうから、ここでお伝えしたいのは、**カルシウム**、**タンパク質**、それから体を動かすエネルギーとして**糖質のバランスのいい食事**を3食、作り置きでもよいので用意してあげることです。

もちろん、できる範囲で構いません。「どのくらいの量を摂取したらいいのか？」なんていうことも気にせず、とくに小学生のうちなら、お腹いっぱいにさせてあげるだけで十分です。日頃運動もしているなら、肥満の悩みも生じないはずです。

ひとつ気にするとすれば、**糖分の摂り過ぎに注意**。

間食のおやつやジュースは控えるようにしてください。子どもたちは往々にして糖分をとって満足して、肝心な食事を残しがちだからです。

また、カルシウムのことなどを考えても、昔もいまも、やはり**牛乳が最強の食べ物**でしょう（アレルギーのある子は別です。豆乳で良いです）。

苦手なお子さんも多いと思いますので、ここでも第2章でお伝えしたように「あの有名なプロ選手も小さい頃、牛乳を飲んで大きくなったんだって」と、憧れやお手本をモデルに使って促してみてください。

point

糖質に要注意。困ったら牛乳か、豆乳

タイムマネジメントと、夜中のノート観察

次に親御さんが子どもたちにできることとして、タイムマネジメントについてご紹介します。といっても、ストップウォッチ片手に時間を計るなんていう、ストイックなものではありません。

「学校から帰ったら、何時から何時までは、必ず勉強してね」

また、時間で区切る以外にも、

「遊びに行きたいなら、まずは宿題を終えてからよ」

と、決まり事を習慣づけるだけです。

ちなみに子どもがやりたいことの時間制限は、「ゲームは何時から何時までやるの？」というように問いかけ、子ども自身に答えさせることが大切。反対に、半ば強

制してでもやってほしいことは親が時間を区切ります。

最近は共働きのご家庭も多いでしょうし、親子一緒にランドセルを開けて、宿題をしている姿を隣でずっと親が見ているなんて現実的ではないと思います。

そんなときは、**子どもたちのノートをチェック、観察**してみてください。

「遊びに行きたいから急いでやったんだな」「眠いときでもがんばったんだ」「今回は、余裕がありそうだ」と、日々観察していると、筆圧や筆跡から、そのときの気持ちまでも汲みとれるようになれます。昔の人はよく言ったもので眠いときにもがんばった筆跡は、本当に〝ミミズが這ったような字〟になっていたりするものです。

親として、ノートを見ただけでも子どもの心理状態がわかるぐらい観察してみてください。毎日見ていれば、誰でもできるはずです。

私も東大野球部の監督時代、毎日、同じ場所から選手を観察し、「**いま彼はバッテ**

ィングフォームを変えようとしているな」「何か意識が変わったな」と気づくことが多々ありました。よその子を観察している私でもできたことです。わが子ならなおのこと、定点観測をしていれば、必ず気づくことがあるでしょう。

仕事もある中、四六時中、お子さんを観察できない親御さんだからこそ、限られた会話の最中だけでなく、ノートの観察も選択肢に入れてみてもらえたらと思います。といってもこれは、子どもがかばんを開けた痕跡に大らかな思春期までの話でしょう。

反抗期とか、生意気なときとか……

男の子でも、女の子でも、ある時期になると、遅かれ早かれ、程度の差はあれど、反抗期が訪れます。

幼い頃なら、変な理屈をつけた言い訳ができるようになるのも、かわいいもので、むしろ、子どもの成長を実感できます。こうした反抗は、成長の証です。

「なかなか一丁前の嘘がつけるようになったな」、大人からしても「お見事！」と言える嘘がつけるようになれば、心配どころか、見どころがあるとも言えます。

ところが、中学生くらいになると、これまでできていたバッグやノートのチェックもおいそれとはできなくなりますし、子どもも学校や他のコミュニティなど、自身の社会で生きるようになるので、家庭での会話も減っていくかもしれません。

第2章でも紹介したように、この時期になると、親だけの力でなんとかできないことも多くなりますし、**むしろ同級生やお手本となる先輩たちの影響、学校の先生方との連携が大切になります**。それだけに、どんな友達と付き合っていけるかどうかの環境を与え、整えるのが親の役目となります。

どんな学校や部活を選ぶにせよ、**親ができることは選択肢を増やすことしかありません**。そして、必ず、最後は子どもに決断させるように導いてください。そうしないと、「●●ちゃんが塾に行っているから……」という先の例と同様、モチベーションも継続できづらくなりますし、言い訳のタネにも成りかねません。

これからの時代は部活動も外部委託が進むので、地域やコミュニティ、企業らも交えた取り組みが増えてきます。選択肢も増えれば、それだけお手本となる人たちとの出会いのチャンスも増えるので、親御さんこそ視野を広げると、反抗期の悩みやストレスが軽減できるはずです。

point

親ができる定点観測として、ノートから子どもの心境や変化を知る

放任か管理か。親の関わり方の4タイプ

韓国の受験戦争を描いたドラマ『ＳＫＹキャッスル』の母親たちの狂気や、ドラマにもなった漫画『二月の勝者』に登場した、学習プログラムを組んで徹底管理する父親の本気……。過剰に描写されている点はありますが、親がどこまで子どもたちの勉強や進路などにコミットすれば良いかは、皆さんも思い至るところだと思います。

私からの意見は、「**小中学生には放任はあり得ない**」です。

小学生は親の敷いたレールがないと、目標がつくれません。これは作文のテーマが自由課題と言われて、何を書いていいかわからないのと同じです。ですから、ある程度、**親の夢や願望を子どもに託す格好でも悪いことではない**と思います。選ばせるま

での道は、親が誘導することです。

子どもはその〝ひな型〟で育ち、中学2年生あたりから友達の影響を受け、高校生で将来の道を〝現実的〟に描きます。

進路や目標に関する注意点はただひとつ。「せっかく始めたのに……」ということに固執せず、ちょっといまはムリかもと思うならば、**方向転換する勇気を、親が持つ**ことです。

さて、親がどう勉強や進路に関わったらいいかという点で、いくつかのタイプをご紹介します。父親と母親で連携してみてもいいですし、ご自身が併用して使い分けてみてもいいでしょう。親の関わり方の典型例は、次の4つ。順に解説します。

① 聞き役タイプ

「今日こんなことを教わったよ」「テストの成績はこんな感じだった」と、まずは子どもたちの話をじっくり聞いた上で、**「すごいね！」「良かったね！」と褒めるタイプ**。

ポイントは子どもにどんどん話をさせること。

長所は子どものモチベーションを保てることですが、言いたいことをぐっと堪える場も出てくるだけに、親の負担が大きくなります。どこかで苦言の一言も、言いたくなります……。

② 背中で引っ張るタイプ

親自身が勉強している姿、がんばっている姿を見せるタイプです。

長所は子どもたちとの関わりを意識することが少ないので、親としては楽な点でしょう。「ママもこれできたから、ちょっと見てみて！」なんていう会話は理想です。

短所は子どもが親の努力に気づきにくいことと、親の姿に飽きてしまいがちな点です。お互いの成果を同じ目線で共有するといいかもしれません。

これは何も親も難関な資格試験に挑めというようなことではなく、**ご自身の仕事や職業観、会社で起きたことを子どもに伝えるのもいい方法**です。働く姿を見せて背中で指導することです。

③ マネジャータイプ

子どもの学習スケジュールを親が管理するタイプです。

長所は成果が短期間で出ます。短所は子どもの勉強の成果という目的と、スケジュール消化という手段をはき違えやすい点です。

野球好きの読者の方ならご存じでしょうが、「管理野球」としてチームや選手の規律を重んじ、常勝球団を指揮したのが、名将・広岡達朗監督。私が東大野球部の監督に就任する際には、広岡氏よりお手紙や電話でアドバイスをいただきました。その際の至言として、**「選手に自信を持たせること」「監督はチームの方針徹底のためには嫌われ役でちょうどいい」**という言葉を頂戴しました。この言葉は、子育てにも置き換えられるものです。

④ 星一徹タイプ

昭和・平成・令和と時代が流れ、星一徹といっても、すぐにわかる読者の方も少ないかもしれませんので、補足すると、漫画『巨人の星』に登場し、わが子・飛雄馬をプロ野球選手にするべく厳しく接する厳格な父親が、星一徹です。「ちゃぶ台返し」といってイメージが湧く方もいらっしゃるかもしれません。

星一徹タイプは、一言で言えば**「スパルタ教育」**です。

こちらの長所と短所は、背中合わせで**「劇薬」**ということです。厳しいだけに短期間で効果が出ます。しかし、生涯にわたる親子の軋轢を生むこともあるかもしれません。扱い要注意のタイプです。

数多くの親御さんを見てきて、このタイプにはまる親子関係の方々もたくさん見てきました。実際、スポーツや芸能の世界では、〝親子鷹〟と言われるように、親が子に対して厳しいコーチになっているケースも見受けられます。

あえて星一徹タイプを選ぶなら、**「子どもと大人の時間の流れ・認識は違う」**という点に留意してみてください。子どもたちは自分ができないことにチャレンジするときの集中力は大人の2割程度。ですので、大人目線で「1時間はやれ！」という感覚は、子どもには10分程度ということです。

一方で、子どもたちの立ち直りは、大人以上に早い。試合やテストで負けたとしても、大人なら長い時間、後悔などを引きずるところ、子どもたちはものの何分かで切り替えることができます。

point

親の関わり方の基準を知ろう

褒めると叱るのバランス

前項では、親の4タイプをご紹介しました。どんなタイプが、わが子にとって〝**いい相性**〟となるのかは考えどころでしょう。

その点では「遺伝」と「環境」の要素が参考になるかもしれません。親御さん自身が、ご自身の親らのどんな性格などが苦手だったのか……、はたまた、こんな環境で育てられたら良かったのに……、という反面教師的な点が、親としての自らの振る舞いについて参考になるはずです。

ですが、4つのタイプのいずれせよ、共通して土台となるのは、「**褒める力**」。いつもなのか、要所なのかの匙加減はあるにせよ、**基本は、子どもたちを褒めてあげる**。

子どもたちの安全地帯となって、**「守られている、いつでも挑戦できる」という場をつくってあげるのが親の役割です。**誰しも、機嫌の悪い人とは一緒にいたくないものです。

とはいえ、叱る・怒ることも必要です。どう接したら良いかと悩む親御さんもいらっしゃいます。これもまた、家庭内が、先の「安全地帯」であるかどうかに関わることでしょう。基本的に安心できる場所なら、ある程度の〝小言〟は子どもたちにとっては許容範囲となるはず。そのためには、具体的に、毎日一度は、せめて家族で食卓を囲んで、会話することが重要かもしれません。ごはんを交えての話、家族みながいる場面なら、叱ったり、怒る場面も笑い話にもつながるはずです。

また、親子や家族のルールをつくってください。

たとえば、「嘘をついたらダメ」「他人の悪口を言わない」といったように、家族のルールをつくって、基準をぶらさないことが大切です。要点は**「基準」**です。父親と母親で言うことが違うというのは、子どもたちを混乱させますし、信頼感もなくすことになると想像します。

いまどき「家訓」というのも古い概念かもしれませんが、温故知新で、家族みんなで守る「シン・家訓」をつくってみるのもおもしろいのではないでしょうか。

point

叱る・叱らないといった「評価の基準」をぶらさないように

子どもたちは大人の本気を望んでいる

褒め方・叱り方――。タイミングも方法も、親なら誰しもが悩みますし、言った後に後悔したことも多々あるでしょう。

私が、東大野球部や学習塾で多くの子どもたちを見てきた中の実感では、「厳しく指導してほしいという子どもたちは、全体の約7割くらい」でした。

子どもたちが期待する厳しさの根底には、「私を見ていてほしい」という願望があります。よく観察してくれた上での的確な指摘ならば、〝聞いてみたい〟と耳を傾けます。さきほど、基本は褒めておいたら良いとお伝えしましたが、見当違いやおざなりの褒め言葉は不要ですし、むしろ、心に響かない上に逆効果にもなりかねません。

子どもたちは、大人の本気に敏感ですし、そうしてほしいと待ち望んでいます。

たとえば、野球のキャッチボールでも、大人からすると「少し強すぎるかな」という加減のボールを放ったほうが、子どもたちの目の色が輝きます。「忖度」という言葉は、子どもたちの辞書にはないんですね。力の差を感じたいところがあるのかもしれません。引き分けでは満足できず、むしろ、競争して勝ったり・負けたりしたい願望があります。

一時期、学校の運動会の徒競走でも一位を決めないというような話がありましたが、それに喜んでいる子どもたちはいたのかなと、私は訝《いぶか》しく思います。

子どもたちを見ていると、**人間というのは本来的に勝負したい生き物**です。

そこで勝ったり、負けたりするから人間としても成長もします。また、保護者がみる、ひとときの運動会でだけ競争していないだけで、子どもたちはもっと熾烈で、残酷な競争にさらされているかもしれません。

競争にさらされて、挫折をするかもしれない。

そこで、どんな声かけや対応をすれば良いかも迷うところです。そのようなときに余計な言葉はいりません。「お疲れさま」「よくがんばったね」だけで十分です。「がんばれ！」という言葉は禁句です。そんなことは本人が一番わかっていますし、悔しい気持ちは本人が一番感じています。

いつでも悔し泣きできる、帰って来られる場所を、親は用意しておけばよいのです。

point

子どもたちは想像以上に、厳しく接してほしいと、期待している

COLUMN

教えて浜田先生！

Q 勉強ができる人って、スポーツが苦手な印象があるのですが

A 勉強とスポーツ、双方に効くトレーニングを教えましょう

文武両道で言えば、興味深いデータがあります。

野球などのスポーツをする上で**「動体視力」**はとても重要です。その動体視力を測定するのに、点滅する信号が赤から青に変わる瞬間にからだを動かして判定する装置があるのですが、東大野球部員たちの反応時間は約0・1秒。いわゆる野球エリートの六大学私立大学の選手に劣らない数値を出します。

その理由は、**本をたくさん、それも速く読む習慣があるから**です。勉強慣れ、調べもの慣れしている彼らは、じつに本を読むのが速いです。

「あの話って、参考書のどこだっけ？」と、ページをパラパラめくって、すぐに該当箇所を見つけます。この勉強で培った能力が動体視力の向上にもつながって、野球ならば変化球にも対応してバッティングができるようになります。

ですので、進学校ではなく、野球エリート校のようなスポーツ特進校で講演するような際には、子どもたちに「変化球が打ちたいなら、本を読むといいよ」、とも伝えているくらいです。

「文から武、武から文」への相乗効果は意外なところにあり、思いがけない「一石二鳥」なことが起きるのも、文武両道の良いところです。

第5章

どのようにして東大合格生となったのか

東大合格の条件を現役野球部員から聞いてみた

高校入学時点で、偏差値30、40台から東大合格、東大野球部に入部した選手たちはたくさんいます。ただし、それには、ある共通点があります。

「小学校6年生レベルの学力」が、あるかどうか――。

ここがスタートラインになります。逆に、それがあれば、高校入学時点からでも、東大合格がねらえます。

「小学校6年生レベルの学力（基礎力）」とは、具体的に、次の4つです。

それぞれ詳しく見ていきましょう。

基礎力① 人の話をよく聞き、お手本を真似できる（しつけ）

親や先生、先輩たちのアドバイスに、素直に耳を傾けられることです。これは、ご家庭でも養われるものでもあります。親御さんの中には、周囲の話を聞けない方がいたりしますが、それだと問題です。子どもたちは親の背中を見て育つものです。

ここでも部活の利点があり、監督や先輩たちから有無を言わさず、同じ練習を繰り返し指示されたところ、自然とできるようになった、というような成功体験を得る機会があります。伸びる子たちの共通点は素直に話を聞けて、先輩たちを真似る力です。こうした子は逆転合格の芽があります。

基礎力②　読解力が小６レベルをクリアしている（国語）

読解力とは「やさしい言葉に言い換えられる能力」です。

数学や英語、社会科目をはじめ、文章題を解く際には読解力が必要ですし、すべての勉強の基礎となります。

読解力は本を読むことで高められますが、読書が苦手という子もいます。そこでできるのが、親子での「会話」です。会話によって語彙力と人生経験を身につけることができるので、できるだけ家族一緒に食卓を囲むなどして、「今日一日どんな仕事をしたか」「こんなことが起きた」という会話のキャッチボールをしてみてください。親御さんたちの様子も伝えられるいい機会です。

YouTubeなどでは情報を受けるだけで発信することがないので、相手の話を理解しようとする緊張感が生まれません。だから、会話が有効なのです。「これって、どう思う?」というやりとりを通して、お子さんの読解力を育んでください。

基礎力③ 割合の感覚が身についている（算数）

割合の感覚とは、たとえば「半分」「2分の1」「50%」「5割」「0・5」が同じ意味かわかるか、次に「2分の1」と「5分の3」のどちらが多いかがわかるかといった感覚です。

一例を挙げると、「600円を1対2で分けるとしたら、まず3等分にして1個、2個と分けると考える」「漢字を10個書くのに、1分かかるとして、1000個書くなら何分かかるか」というのが、すっと理解できる子と、できない子がいます。

この感覚を養うには、**幼い頃から日常的にパーセンテージ（%）や割合などで考える習慣を増やす**ことでしょう。親子で買い物をするときなどに会話に組み込んでみるのも方法です。

その点、野球好きの子なら「●●選手の打率は3割で、●●選手は2割5分か」や「●●投手の投球だと、ストレートが全体の60%もあるんだ」と自然に興味を持って覚えてくれるはずです。

基礎力④ 類推する力がある（算数）

類推する力とは、たとえば、1カ月ごとに2万円貯金していくと1年後に24万円になるだろうという法則性を推論する力です。言い換えると「**ルールを見破る力**」です。ルールとは公式のこと。ここでは「nカ月目の貯金は、2×n」という公式が見つかります。これがルールを見破る力＝類推力です。

類推する力があれば、あらゆることを1から10まで記憶することなく、知識を臨機応変に活用できるようになります。

これら4つの力について、何をもって身についているかとするのは、自分が問題を解けるかだけでなく、人に教えられるレベルに到達しているかで判断してください。

兄弟や姉妹のいるご家族なら、その子が下の子に説明できているか、一人っ子の子なら親に説明できるかどうかといった場面で、理解度を測れるでしょう。

point

東大合格のスタートラインとは、小学6年生レベルの力を日常生活から養うこと

合格するには、最低でも7000時間の勉強

「小6レベル」という話をお聞きになり、「いくらなんでもレベルが低いのでは？」と、少々意外だったかもしれません。しかし、基礎能力さえあれば、東大を目指せるスタートラインに立てます。東大に合格するには、遺伝的な頭の良さだけが絶対ではないということです。


ここで2つの数値をお伝えします。

ひとつは、東大合格を目指す上で、高校時代にどれだけ総量として勉強に時間を費やしたらよいかという数値です。

東大野球部員らにアンケートを取ったところ、それは「7000〜1万時間」でし

た。

「1年365日×24時間×3年間」として、2万6280時間。このうち少なくとも7000時間を、勉強時間に振り分けて努力する必要があるというのが、経験則となります。つまり生活のうち、約3割を勉強に費やすことが最低限必要です。現役時代にこの時間を確保できない場合は、浪人も視野に入るというわけです。質もさることながら、「量」も必要ということです。

さらに単純計算をしてみると、「1年365日×3年で、1095日」。この日数で7000時間を目指すなら、1日当たり約7時間の勉強時間が必要となります。登校日数を約200日とすると、「約200日×7時間×3年で、約4200時間」となるので、家庭かどこかで、約3000時間を自学して埋める計算です。

学校の授業時間も含めるとはいえ、宿題も合わせて日に7時間も机ないし教科書に向かうのは、大人からみても、かなりの体力を要するのが想像つくはずです。さらにそれが受験前となると12時間も勉強することもあります。だからこそ、体力が土台に

「753の法則」とは？

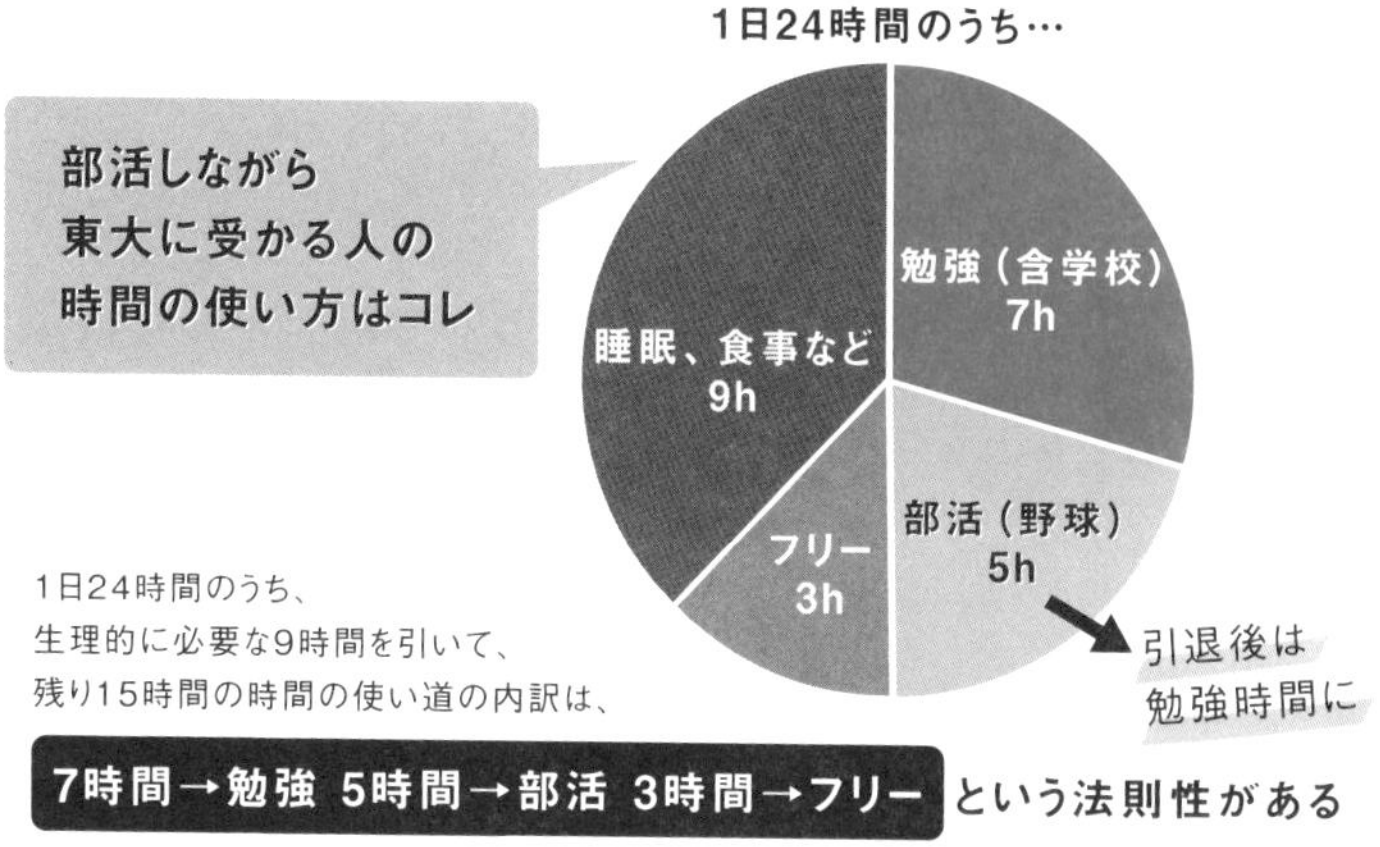
1日24時間のうち…
部活しながら
東大に受かる人の
時間の使い方はコレ
勉強（含学校）
7h
睡眠、食事など
9h
部活（野球）
5h
フリー
3h
引退後は
勉強時間に
1日24時間のうち、
生理的に必要な9時間を引いて、
残り15時間の時間の使い道の内訳は、
7時間→勉強　5時間→部活　3時間→フリー　という法則性がある

なると、本書で一貫してお伝えしているのです。

次に、同じく東大野球部員らからアンケートをとったところ、上図のような法則を見つけました。これを、私は**「753（しちごさん）の法則」**と呼んで、さまざまな講演で子どもたちや先生方にお伝えしています。

1日24時間のうち、睡眠や食事、お風呂の時間などの生理的な時間の9時間を差し引いて、**残り15時間をどう使うか**――。

東大野球部員たちは、高校時代に、学校の授業と宿題などにやはり7時間、部活（メンテナンスやコンディションづくりなどの準備も含む）に5時間、それ以外のフリーの時間に3時間というような時間配分で、毎日を過ごしたと言います。塾に通っていた子どもたちもいますが、基本は授業と宿題に集中して臨むという時間割を組み立てていました。

また、部活引退後に生じる「5時間」で塾に通ったかどうかという調査もしたところ、ほとんどの場合、**自宅で家庭学習をしていたとも言います。現役時に自宅でコツコツやる習慣がついていたというのが、その理由でした。**

練習試合で半日を要したり、日々の練習で疲れて、毎日同じような時間配分で過ごせたはずはないのですが、平均してこのような時間配分で、東大野球部員は高校生活を過ごしたという点で、参考にしてみてください。

なお、この数値は高校生を対象としたものなので、**小中学生のお子さんの場合は、生理的な時間が9時間ではなくて12時間くらいが目安**でしょうか。勉強6、部活や習い事に3、フリーの時間が3という配分になるかと思います。

「753の法則」は、大人にも役立ちます。仕事に没頭できるのはせいぜい7時間。だらだらと残業をせずに自己研鑽の時間に費やすようにしたいものです。大人になっても親こそ勉強している姿を見せることが、背中型マネジメント（124ページ）となるでしょう。

point

時間管理は、「7000時間」と「753の法則」で

「部活を辞めて、勉強に専念したい」と言われたら

前項で東大を合格するのに必要なのは「最低7000時間の勉強」と述べました。勉強時間を日々の生活から捻出するために、東大を目指さないとしても、「部活なんてしないで、勉強だけしておけばいいのでは？」と、親御さんも子どもたちも思うかもしれません。

「部活動のメリットはわかるけれども、いざ受験を目前にすると本当に両立できるのか？」という不安が頭をもたげることもあるでしょう。

「受験に専念したいから部活を辞めたい／辞めさせたい」。こういう話題は実際によくあります。

東大野球部員の高校時代：時間の使い方

※勉強時間には学校の授業時間も含む　※野球は自主トレも含む　　2009～2019年調査 浜田

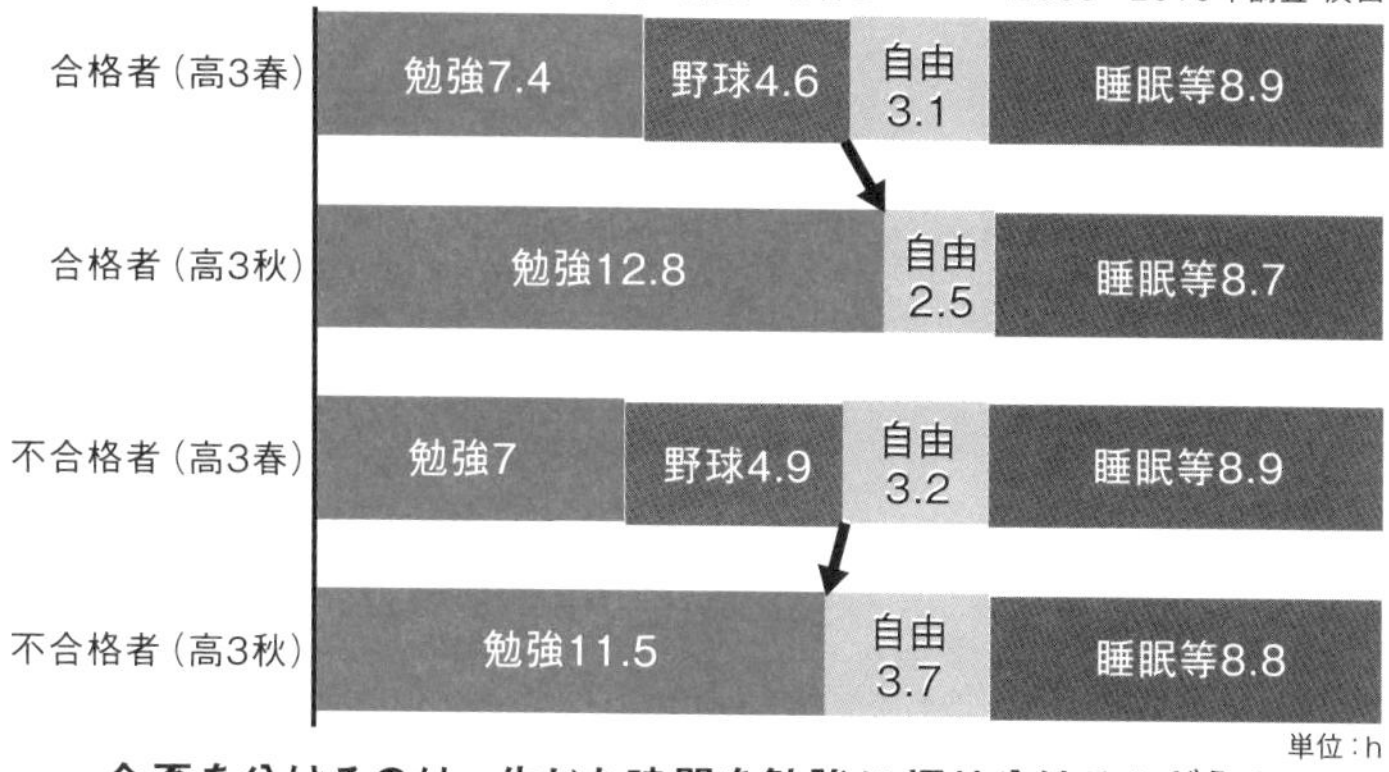

合否を分けるのは、生じた時間を勉強に振り分けるかどうか

しかし、**部活を辞めたところで9割の子どもたちの成績は上がりません。**

高校3年生時点で**部活動を辞めた子と続けた子では、続けた子のほうが東大に合格しているというデータもあります。**部活を辞めて時間を確保したからといって、不思議と成績は伸びないものです。

サンプルとしては少ないかもしれませんが、岐阜県一番の進学校である岐阜高校と、私の母校であり、2023年より校長を務める高知県・土佐高校でヒアリング調査をした結果、勉強のために部活を辞めて、成績が上がった生徒は全体の1割でした。

また東大野球部員140名にアンケートを取ったところ、高校3年生のギリギリまで部活を続け、引退後は時間を勉強に割いた子ほど合格しています。つまり、同じ時間があってもどう使うかによります。時間ができても「自由時間」にあてるようでは、望んだ結果は出ないということです。

また、高3の夏の引退前に部活を辞めた子どもたちのうち、成績が伸びた1割の子どもたちの共通点は、偶然にもすべてお医者さんの子女でした。ここから見えることは、途中に辞めたとしても、明確な目的・目標があれば、勉強のモチベーションは保たれて、時間も勉強時間に割り振られるということかもしれません（少ないサンプルですので、想像ですが）。

人はどうしてもサボりがちですから、単純に時間を確保したいという感覚で、部活を辞めたとしても、多くのケースでゲームや遊びで時間を消費してしまうのが、関の山かと思います。

それであるなら、**高校3年の夏まで全力で部活に邁進して、引退後にメリハリをつ**

東大野球部員の高校時代：模擬試験の成績推移

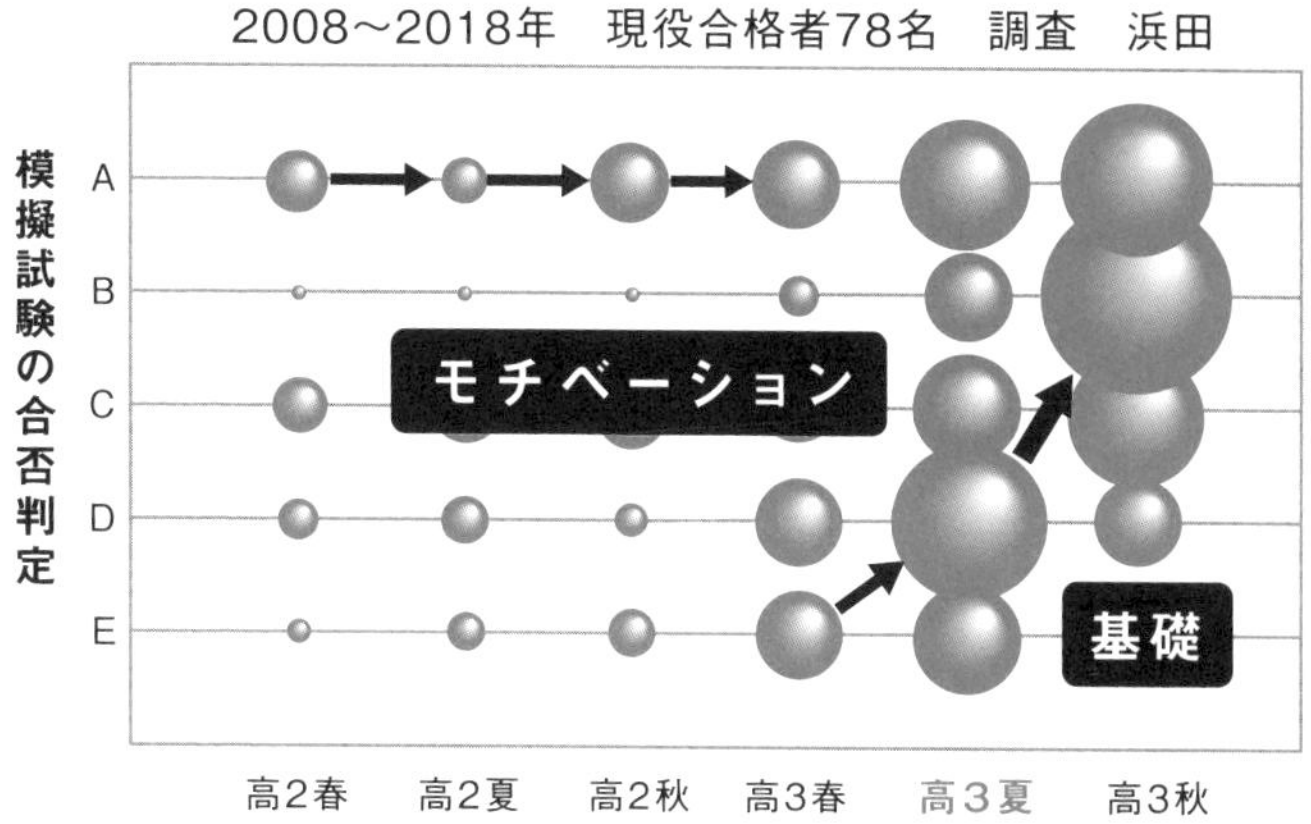

2008〜2018年　現役合格者78名　調査　浜田

けて受験に臨むことです。毎日練習があると、限られた時間をムダにしないようにと、電車の中で単語帳を開くなど、時間の使い方も上手になります。こうした経験のほうが社会に出ても活きるでしょう。

何より、3年間（中学時代も含めたらそれ以上）、部活動で努力をした子は、勉強にシフトするとグンと成績が伸びます。

「部活をやり切った」という感覚がやる気のスイッチになるのでしょう。

上図は東大野球部員の高校時代の模擬試験の成績推移のグラフです。丸の大きさは模試を受けた人数を表しています。部活をやっているときは模試を受けていない生徒が多いため、丸が全体的に小さくなっています。高3夏から秋にかけて、模試の結果が急激で伸びていることが読み取れるでしょう。なぜ、急激に伸びるのか？　それは、東大に合格したいという強いモチベーションがあるからです。**「先輩も逆転合格できたから」「東大ならレギュラーで活躍できるから」「東京六大学でプレーしてみたい」「最高学府にチャレンジしたい」**という思いが原動力です。とはいえ、モチベーションだけでは伸びません。授業を大切にして「基礎」が身についているからです。基礎とは**「教科書の太字部分を友達に説明できる力」**。問題集が全部できるということではありません。教科書の太字部分とは公式、構文、重要知識。公式でしたら、①どんな場面で役に立つのか、②公式の導き方です。自分が覚えているではなく、教科書を見ながらでも①と②を友達に〝説明できる〟というところがポイントです。

point

部活で培った体力とメンタルが心の支えとなる

200校以上を見てきたから言える学校選びのポイント

ここでは、本書のメインテーマである「文武両道」を目指すという視点から、学校選びのポイントをご紹介します。

講演や東大野球部のスカウトの経験から、私は全国さまざまな高校を見てきました。国立の筑波大附高や筑波大附駒場高、男子の私立御三家（開成、麻布、武蔵）、女子の私立御三家（桜蔭、女子学院、雙葉）、さらに、男女それぞれ新御三家の学校というのもあるようですし、神奈川、関西など地域別にもこうした進学校があります。どの学校も素晴らしい取り組みを行っており、実績も確かです。

そうした学校の中でも、**「この学校はいいな。文武両道のひとつの理想だな」**と感じたのが、**東京都立・国立**《くにたち》**高校**です。国立高校は、東京都立の高校の中ではトップレベルの学校で、東京大学にも毎年10人ほどの合格者を輩出していますし、東大野球部にも卒業生が多く在籍しています。**日本一とも言われる文化祭は、高校生がつくる域を超えた内容**です。

国立高校だけでなく、文化祭の内容は、偏差値にも比例しているように思います。生徒たちの出店もたこ焼きなどの屋台だけのようなところもあれば、模擬裁判を催しているようなところと、さまざまです。また魅力的な学校は総じて、**活気があるのも**特徴です。

新型コロナウイルスの影響もあり、今後もどうなってくるか見通しが立ちづらいですが、機会があるならば、気になる高校（小・中学校も）があるなら、文化祭やオープンキャンパスのようなイベントに、ぜひ足を運んでみてください。

在校生らを見て、子どもたちの目が輝いたり、親御さんとしても、「この学校で学び、この制服を着たわが子を想像できる／したい」ところならば、進学候補先の第一志望になるのではないでしょうか。

有名私立学校が近隣にないという地域のご家庭であれば、単純に**各都道府県のナンバーワン校か、地域一番手高校を目指す**目標設定で良いかと思います。

親の世代から長年、地域で「●高」なんて通称で呼ばれるような高校です。東大進学実績があったり、毎年のように東大進学者を輩出しているなら、良きお手本が身近にいるでしょうから、なおのこと良いでしょう。中学の先輩が入学していたら目標にもなります。

point

文化祭などに足を運び、志望校に活気があるかどうかを見よう

文武両道の人こそパイオニアになれる

教育環境に不安がある親御さんもいらっしゃるかもしれませんが、昨今は、映像授業やさまざまな教育サービスが充実している時代です。情報格差はほとんどないでしょう。

方法よりもモチベーションの維持こそ、親ができることです。

部活と勉強の両立を極めた者が、「東大進学者のパイオニア」になれる可能性があります。

104ページに登場した佐藤有為君は、母校である東京都・私立京華高校で初めての東大合格者。そのほか、野球名門校・岩手県・**花巻東高校**（大谷翔平選手や菊池雄星選手を輩出）で初めて東大に進学したのも、現在、文科Ⅱ類に在籍している大巻将人君です（２０２２年時点）。

スポーツの世界で不思議とよくあるのが、男子陸上１００mで10秒の壁を乗り越えた選手が続々と出てきたように、**誰か一人が記録を突破すると、それまで困難だった壁を次々と突破する者が現れるといった現象**です。進学校で揉まれる経験も良いですが、母校初めての東大合格者としてパイオニアになれたら、一生モノの誇りが得られるでしょう。

パイオニアを目指す上での〝お守り〟を渡してモチベーションアップに貢献できるのが、東大野球部の特徴でもあります。

東大野球部は選手スカウトの一環で、高校2、3年生を対象とした、２つの〝夏合宿〟を行い、全国の高校生たちを応援しています。東大野球部式「オープンキャンパス」のようなものです（２０２２年現在。毎年開催かはホームページなどで要確認）。

そのひとつが、「練習会」です。毎年8月、全国から高校生たちが日帰りで上京し、東大野球部員らと共に練習を行います。グラウンドに立つことで、進学へのモチベーションが上がります。

合同練習が約2時間で、30分くらいの座学のような場も設け、野球部員らから、

「現役高校生のときに、これくらい勉強した」

「部活引退後から成績は伸びた」

「一浪したときの経験はこうだった」

「結局、基礎が大切だよ」

といった、話を聞くことができます。まさに身近なお手本からのアドバイスです。

もうひとつが、「合宿勉強会」。

こちらは、8月1日から2週間、東大のグラウンド近くの旅館に宿泊して、集中して勉強を行います。午前中は近隣の予備校に通い、夜は部員らが家庭教師になって、東大受験対策を行います。

合宿の最後には、ハチマキやボールをお土産に渡して、「受験勉強でつらいときがあれば、このボールを見てがんばれ！」「ハチマキをつけると偏差値が10は上がるぞ！」と、一種、おまじないをかけて、彼らを見送ります。

point

パイオニアにふさわしい文武両道

第二志望と劣等感

転ばぬ先の杖ではないですが、第一志望学校を目指した際、もし不合格だったときのことも想定しておきます。

都心では小学校から受験を経験する子もいますし、中学受験も隆盛です。ですが、中学受験では約7割が第一志望に落ちてしまうとも言われています。高校でも学区などの都合で各都道府県ナンバーワン校に入学できないことだってあるでしょう。そのようなとき、どんな状況となり、何ができるのか――。

第二志望以下の学校に入学すると、どうしても子どもたちは劣等感を抱いてしまいます。いくらメンタルが強い子でもです。また、そうした子の集まった学校の雰囲気はどんよりとしています。講演で足を運んでも雰囲気ですぐわかります。

小学生くらいだと立ち直りも早いので、「次にがんばればいいや」と、ものの2日もあれば切り替えられるのですが、年を重ねるごとに切り替えも難しくなるのが現実です。

「鶏口となるも牛後となるなかれ」の言葉通り、**第一志望のビリレベルで苦労するくらいなら、第二志望校のトップレベルになるほうが、よほどモチベーションも維持できますし、再チャレンジが容易です。**

野球をやっている子によく言う話ですが、**「第一打席で三振しても、第二打席でヒットを打てばいいんだ」**と、背中を押します。

また、たとえ第二志望校に進学したとしても、努力してきた過程で小6レベルの基礎力（138ページ参照）が身についていたのなら、高校3年間の時間を有効活用することで、誰でも東大に入る能力はあるとも伝えています。

「本当にできるんですか？」と、こんなことを言うと生徒たちに聞かれますが、入試というのはあらかじめ答えが用意されているものなので、答えがあるということは必ず到達する道があるのです。ただし、それに3年かかる人もいれば、4、5年かかる人もいるので、先にもお伝えした、最低7000時間、できれば1万時間は勉強しなさい、「キミはできるか？」と、伝えます。

むしろ、第二志望校へと進学し、劣等感を持っているのは、子ども以上に親や先生方だったりします。このほうが問題です。講演でもしばしば、先生方に苦言を呈す場面もありました。

その気になっていないのは、じつは大人のほうで、子どものやる気にブレーキをかけてしまっているのです。一度、二度の失敗だけに囚われず、お子さんの真の能力とやる気を見極めてあげてください。

point

第一志望にビリで入学するよりも、第二志望にトップで入学するほうが良いこともある

文系か理系か（将来への道）

学校選びの次は、進学コース選びについてです。

文系か理系かの進学コースを決める際の基準は、お子さんが「理科が好きか、社会が好きかどうかで決める」と良いと思います。勘違いしがちなのが、数学の出来不出来で判断してしまう点です。数学の成績から、進路を選ばないことをお勧めします。

算数は計算など理屈抜きに結果を出せばいい科目ですが、数学は論理を勉強する科目。ふたつはまったく異なる教科です。

また、数学の研究者になるような人材は、天才的な素質・才能のある人に限られます。遺伝の影響がかなり大きな分野です。小学校のときに、公文で高校3年レベルの微分積分ができるという話ではありません。ちなみに、東大に受かるなら、算数と数学、どちらも〝ある程度〟の素養は必要です。

それだけに数学は一種、特殊な科目と考えてください。講演などで高校生からも質問を受けますが、**理系・文系のコース選びには関係がありません**。数学の点数よりも、そもそも理科が好きかどうかのほうが大切ですし、数学の点数が低くても合格できる理系の学部はたくさんあるので、好きな方向に進路を選ぶほうが、お子さんも幸せになれるでしょう。

進学コースの選択以前に、**「将来、何になりたいか？」**といったアンケートを、小・中校生時代に行ったりもしますが、時期尚早とも思います。憧れや夢ならば自由に進路を描いていいですが、現実的な路線でいうなら、アイデンティティ（24ページ）がある程度かたまったうえでしか、将来像は描けません。その時期とは、大学生くらいでしょう。それだけに親としては可能性を限定せずに、お子さんに向き合ってみてください。実際、東大の1、2年生は教養学部で学び、その後に配属する学部を選びます。それくらいの時期で進路を決めても良いということです。

とはいえ、どっちつかずなお子さんもいらっしゃるでしょう。

おおよそでも進路を決めたい場合は、**とりあえず、理系の方向に進めていくのが得策かもしれません。というのは、理系科目は脳が若いうちに向いていて、文系科目は経験値を得てからできることが増えるからです。**語学にしても、人生経験が多いほど英文を読んだときに、何となく常識的にわかることが増えます。

ですから、基本的には「好き」を重視して、子どもたちの進路を導くと良いでしょう。

point

進学コースは、「理科が好きか、社会が好きか」で考える

東大野球部と、文武両道のてっぺんを目指す利点

最後に、本書でお伝えしてきたことの復習にもなりますが、東大野球部を目指すこと、文武両道の利点に再度触れて、本書のまとめとします。

東大や東大野球部へ進学することは、親の経済面でも、子どもたちの生涯年収の面でも大きなメリットがあります。

全国のトップレベルを知れるので、その環境で自分が得意と思える分野であれば、一生メシを食っていける武器も自覚でき、それを磨くことで一流になれます。同じ視座に立ち、生涯を通じて、高みを目指せる仲間とも出会えます。

とくに東大野球部で4年間かそれ以上過ごすことで、どんな社会に出ても通用する、次のような人間力を身につけられます。

- 親御さんら大人からの支援（経済面も含め）の有難さを知る
- 先輩、ＯＢ・ＯＧの存在から、お礼などの挨拶が上手くなる
- 負けることを知り、それを抜け出す苦しみも体験できる
- 自分の責任で行動できるようになる
- 後輩に仕事を振り分けられるようになる

また、本書は「東大野球部式」と銘打って、話を進めてまいりましたが、東大野球部を目指しても、入学できず挫折する子どもたちもいるかもしれません。先の東大夏合宿に参加する子どもたちでも10人の中、合格するのは、１、２名です。

人生において挫折をしない人なんてひと握りでしょう。私も含め、幼い頃に野球選手になりたかった大人たちが世間には溢れています。ですが、それぞれが自身の得意を活かして、社会に生きています。

本書の冒頭で、**文武両道とは目的ではなく、手段**とお伝えしました。

〝好き〟で没頭した野球、しかしプロになる素質はなかった――、でも〝得意〟と気づいた分野で、「野球×数学」を活かしたメディカルドクターやアナリスト、「野球×国語」を活かしたジャーナリストといった具合に、それぞれの居場所を見つけることができます。

親ができることは、子どもたちの環境を整備することに尽きます。親子でさまざまな体験を共にし、読者のお子さまとご家族が幸せになることを願っております。

point

子ども時代に没頭した分野は、将来活きる

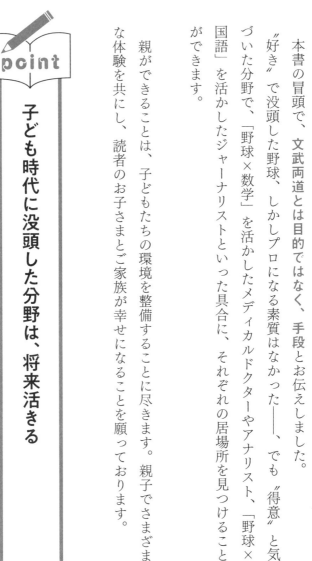

おわりに

最後までお読みいただきありがとうございました。

本書は私の40年にわたる文武両道の経験や調査を凝集したものです。30年間の塾での学習指導、15年にわたる東大野球部でのスカウト経験、さらに東大生数百人の幼少期の調査を形にしました。

子育ての現場では、理屈どおりにいかないことのほうが多いと思います。しかし、〝子どもをよく観察する〟という根気さえあれば、周りのアドバイスを頼りつつ、親子とも納得した成長が得られるはずです。

今年（2023年）の4月から母校・土佐中・高等学校の校長に就任いたします。文武両道を実践している良い学校だと自負しています。私はこの伝統に磨きをかけていくことをライフワークにするつもりです。私学ですので、全国からリアルに文武両道を目指す生徒さんに来てもらえればと思っています。

令和5年2月

浜田一志

【著者紹介】

浜田一志（はまだ・かずし）

◎——1964年9月11日、高知県生まれ。土佐高校時代は甲子園を目指し、野球漬けの日々を過ごす。3年夏の大会引退後、一念発起して東大受験を目指す。模試E判定から、独自の勉強法で驚異的に成績を伸ばし東大理Ⅱに現役合格。1983年、東京大学理科Ⅱ類に入学。野球部に入部。4年次は主将として東京六大学野球リーグで活躍。卒業後、東京大学大学院工学系研究科に進学し、材料工学を専攻。大学院卒業後は、新日鉄（現日本製鐵）に入社する。
◎——1994年に独立。東京都内に、文武両道を目指す「部活をやっている子専門の学習塾」としてAi西武学院を開業。地元の人気塾となっている。ただ、開業当初は、生徒の成績を思うように伸ばせず、一時は廃業寸前にまで追い込まれた。そして、廃業の危機を脱するために教育ソフト『数学ミラクルマスター』を約10年という期間を経て開発。同教材は、現在も全国の学習塾・中学校での採用が広がっている。
◎——2008年には、母校·東大野球部のスカウティング事務局を立ち上げ、高校球児に東大受験を指南。2013年～2019年まで母校東京大学野球部の監督を務める。現在は、文武両道で東大合格を目指す高校生に、自身の学習メソッドを伝える支援活動を行っている。また、全国各地の中学・高校での講演活動も精力的に行う。2023年4月からは母校土佐高校の校長に就任予定。

東大野球部式《とうだいやきゅうぶしき》　**文**《ぶん》**と武**《ぶ》**を両立**《りょうりつ》**させる育**《そだ》**て方**《かた》

2023年２月20日　第１刷発行

著　者——浜田　一志
発行者——齊藤　龍男
発行所——株式会社かんき出版
東京都千代田区麴町4-1-4 西脇ビル　〒102-0083
電話　営業部：03(3262)8011㈹　編集部：03(3262)8012㈹
FAX　03(3234)4421　振替　00100-2-62304
https://kanki-pub.co.jp/

印刷所——ベクトル印刷株式会社

ISBN978-4-7612-7658-4 C0037

『モンテッソーリ教育×ハーバード式
子どもの才能の伸ばし方』

定価：1540円（本体1400円+税）